KÖNIGS FURT

W0088199

Über dieses Buch

Mit dem in den letzten Jahren immer klarer zu Tage getretenen Interesse an Märchen und Märchendeutung wird immer häufiger der Wunsch laut, sich über das, was Märchen sind, über die Frage ihrer Herkunft und der Bedeutung ihrer Bilder und Motive, genauer zu informieren. Genau dieser Aufgabe ist das vorliegede Buch gewidmet.

Über den Autor

Frederik Hetmann (Hans-Christian Kirsch), geb. 1934 in Breslau, ist durch ein großes schriftstellerisches Werk bekannt, in dem die Märchen einen bedeutenden Schwerpunkt ausmachen. Er forscht über Märchen und schreibt selber welche. Für wichtige und erfolgreiche Märchensammlungen zeichnet er als Herausgeber. Der populäre Autor lebt in Limburg/Lahn.

Frederik Hetmann

Märchen
und Märchendeutung

erleben und verstehen

Königsfurt

Die Erstausgabe erschien
unter dem Titel »Traumgesicht und Zauberspur«
im Fischer Taschenbuch Verlag,
Frankfurt a.M 1982.
Die Texte wurden für die vorliegende Ausgabe
durchgesehen und um das jetzige 3. Kapitel ergänzt.

Die Deutsche Bibliothek - CIP-Einheitsaufnahme
Märchen und Märchendeutung : erleben und verstehen /
Frederik Hetmann. - Erg. und überarb. Neuausg. -
Klein Königsförde / Krummwisch : Königsfurt, 1999
Frühere Ausg. u.d.T. Traumgesicht und Zauberspur
ISBN 3-933939-02-X

Bearbeitete Neuausgabe
Klein Königsförde 1999

Copyright © 1999 by Königsfurt Verlag
D-24796 Klein Königsförde / Krummwisch

Agentur: Montasser Medienagentur, München
Lektorat: Susanne Peymann, Berlin
Umschlag: Peter Krafft, Bad Krozingen
Satz: Stefan Hose, Eckernförde
Herstellung: J. Ebner, Ulm

Printed in Germany
auf chlorfrei gebleichtem Papier

ISBN 3-933939-02-X

Inhalt

Vorbemerkung

»In den alten Zeiten, wo das Wünschen noch geholfen hat ... « Dieser Satz leitet nicht nur die Geschichte vom Froschkönig ein, sondern er bildet auch das Eröffnungsmotiv, welches die Brüder Grimm allen gesammelten Märchen voranstellen. Denn das Märchen »Der Froschkönig oder der eiserne Heinrich« steht am Anfang ihrer »Kinder- und Hausmärchen« (so in der letzten selbstredigierten Ausgabe von 1857).

Der Titel der »Kinder- und Hausmärchen« ist mitunter im Sinne der Harmlosigkeit mißverstanden worden. Es stimmt allerdings, daß die Brüder Grimm etliche Märchen bearbeitet und damit einen Erziehungskanon für Kinder des Bürgertums propagiert haben. Doch das ist nur ein Aspekt. Die Arbeit der Brüder Grimm muß auch so verstanden werden, daß mittels der Märchensammlung erstmals »Kindheitserfahrungen und Hausintimitäten« eine literarische und sprachliche Bedeutung erhielten.

Das Lebenswerk der Brüder Grimm drückt auch ein Ringen um kulturelle Identität, Meinungs- und Redefreiheit aus. Dafür nahmen Jacob und Wilhelm Grimm u.a. in Kauf, daß sie wegen Teilnahme am Protest der »Göttinger Sieben« amtsenthoben und ausgewiesen wurden. Märchen, zuvor nicht druckfähig und in der Schriftwelt daher sprachlos, bekamen erstmals ein Sprachrohr. Wie die »kleinen Leute« im 19. Jahrhundert zunehmend Bildung und Wissen für sich einforderten und erwarben, so war die Sammlung und Veröffentlichung der Märchen auch ein Akt der Emanzipation.

Märchen heute schlagen nun eine Brücke in die Zeit zurück, die im Sinne der Schrift- und Kulturwelt sprachlos war. Dieser Zusammenhang gilt für die Historie der Gesellschaft, aber ebenso für die individuelle Geschichte. Auch persönlich gab es und gibt es »sprachlose« Zeiten, und in diese und durch diese begleiten uns die Märchen. Der langjährige Präsident der Europäischen Märchengesellschaft, Dr. Wolfdietrich Siegmund, führt dazu aus (in diesem Buch auf S. 157): »Märchen versprechen nicht nur, sie verwirklichen das, wovon sie reden, wenn sie von einer goldenen Zeit erzählen: ›als das Wünschen noch geholfen hat‹. Während sie davon erzählen, von jenem Ursprung, als das menschliche Denken noch nicht vorausschauen konnte, als Sehen, Erkennen, Wünschen und Erlangen noch ein und dasselbe war, werden Wünsche zu Taten.«

Frederik Hetmann entwickelt in diesem Buch die spannende Geschichte der Märchen. Er versteht es, die vielen Facetten der Märchenkunde zusammenzutragen. Aus welchem Grund auch immer man sich für Märchen interessiert, man wird sich durch die vorliegende Studie bereichert und beflügelt finden.

Wegen der unveränderten Aktualität erscheint diese Neuausgabe mit nur wenigen (redaktionellen) Änderungen. Eingefügt wurde vor allem das Kapitel über Märchenmotive am Beispiel des Feenglaubens.

Der Verlag

»L'imagination au pouvoir!«

Parole der Pariser Studenten, Mai 1968

»Es war einmal ein arm Kind und hatt kein Vater und keine Mutter, war alles tot, und war niemand mehr auf der Welt. Alles tot, und es is hingangen und hat gesucht Tag und Nacht. Und weil auf der Erde niemand mehr war, wollt' in Himmel gehn, und der Mond guckt es so freundlich an; und wie es endlich zum Mond kam, war's ein Stück faul Holz. Und da is es zur Sonn gangen, und wie es zur Sonn kam, war's ein verwelkt Sonnenblum. Und wie's zu den Sternen kam, waren's kleine goldene Mücken, die waren angesteckt, wie der Neuntöter sie auf die Schlehen steckt. Und wie's wieder auf die Erde wollt, war die Erde ein umgestürzter Hafen. Und es war ganz allein. Und da hat sich's hingesetzt und geweint, und da sitzt es noch und is ganz allein.«

Georg Büchner, ›Woyzeck‹.

Für Milan Maralík, den Freund und Humanisten

Einleitung

»In alten Zeiten hatte noch jeder Ton seinen besonderen Sinn und Verstand. Wenn der Hammer des Schmiedes ertönte, so rief er: ›Smiet mi to!‹ Wenn der Hobel des Tischlers schnarrte, so sprach er: ›Dor häst!‹ Dor, dor häst!‹ Fing das Räderwerk der Mühle an zu klappern, so sprach es: ›Help, Herr Gott! Help, Herr Gott!‹ und war der Müller ein Betrüger, so sprach sie hochdeutsch und fragte erst langsam: ›Wer ist da? Wer ist da?‹. Dann antwortete sie schneller: ›Der Müller! Der Müller!‹ Und endlich ganz geschwind: ›stiehlt tapfer, stiehlt tapfer, vom Achtel, drei Sechter!‹«

›Das Märchen vom Zaunkönig‹.

»Als der Bauer noch in Leibeigenschaft lag, eroberte so der arme Märchenjunge des Königs Tochter. Als die gebildete Christenheit vor Hexen und Teufeln zitterte, betrog der Märchensoldat Hexen und Teufel von Anfang bis Ende ... Gesucht und gespiegelt wird das goldene Zeitalter, wo bis ganz hinten ins Paradies hineinzusehen war.«

Ernst Bloch, ›Das Prinzip Hoffnung‹.

Für wen ist dieses Buch, und was findet man darin?

Vorweg eine Erfahrung: Vor geraumer Zeit, als ich zwei Jahre Stadtschreiber an einem eher düsteren, wenig phantasieträchtigen Ort war, lud ich vier bekannte deutsche Professoren ein, die alle Märchen erforschen, über Märchen nachdenken, die Motive von Märchen miteinander vergleichen und Studenten über den Sinn von Märchen belehren.

Ich hatte ihnen die Frage gestellt, die viele Menschen heute noch immer beschäftigt: Soll man Kindern Märchen erzählen?

Eine ansehnliche Zahl von Zuhörern – Eltern, Lehrer, Kindergärtnerinnen, Schüler – war erschienen: alle gespannt, wissensdurstig, aufgeschlossen. Trotzdem wurde der Abend ein Fiasko. Die auf dem Podium versammelten Professoren – Volkskundler und Märchenforscher, wie gesagt – setzten ihre Worte mit solcher Vorsicht, daß sie für den Laien nichts mehr besagten. Jeder dieser Herren schien in seinen Äußerungen vor allem bestrebt, den anwesenden Kollegen keine Angriffsflächen zu bieten. Zu klaren Antworten auf konkrete Fragen war kaum einer zu bewegen. Sie versicherten, solcherlei sei nicht Absicht und Aufgabe ihrer Wissenschaft. Sich in solche Niederungen populär-naiven Bewußtseins herabzubegeben, könne man ihnen unmöglich zumuten, meinten sie ausdrücklich. Die Empörung unter den Zuhörern wuchs. Sie insistierten, protestierten. Sie wurden in einer Weise lebhaft ausfällig, die bewies, daß ihnen das Thema etwas bedeutete. Unterdessen schienen sich die Professoren immer mehr in Austern zu verwandeln, die nun auch noch den letzten schmalen Spalt ihres Schalengehäuses zukniffen, um die kostbaren Perlen ihres Erkenntnisschatzes vor dem rüden Zugriff zu sichern und zu bewahren.

Nun ist diese Konstellation ja auch bei anderen Themen, auf anderen Wissenschaftsgebieten nur zu häufig zu beobachten. Im Fall von Märchen aber, Gebilden, die aus dem Bereich der lange Zeit mündlich überlieferten Literatur stammen, die nicht selten aber auch noch in ihrer schriftlichen Fixierung ein hohes Maß an Lebendigkeit und Volkstümlichkeit bewahrt haben, deren Reiz nicht zuletzt auch darin liegt, daß sie (und welche andere Literaturgattung könnte das heute in diesem Maß noch für sich in Anspruch nehmen) über die Grenzen von Sozial- und Altersgruppen hinweg gehört, gelesen, geliebt und wohl auch heute noch weitergegeben werden, hat dieser Vorgang etwas besonders Absurd-Bestürzendes.

Dieses Erlebnis machte mir klar, daß es der Vermittlung zwischen der Sphäre von Forschung und Wissenschaft und der des Laien dringend bedarf.

Genau dieser Aufgabe ist das vorliegende Buch gewidmet. Mit dem in den letzten Jahren immer klarer zu Tage tretenden Interesse an Märchen und phantastischer Literatur wird auch bei Laien immer häufiger der Wunsch laut, sich über das, was Märchen sind, über die Frage ihrer Herkunft und der Bedeutung ihrer Bilder und Motive, genauer zu informieren. Bücher über Volks- und Märchenkunde für Wissenschaftler und Spezialisten gibt es genug. Ich habe mir vorgenommen, für ein breites und noch nicht speziell vorgebildetes Publikum auf überschaubarem Raum die wichtigsten und aktuell relevanten Themen aus dem Bereich der Märchenforschung zusammenzutragen. Dabei geht es nicht nur um den Wert oder Unwert von Märchen für die kindliche Entwicklung, wenngleich die damit zusammenhängenden Probleme in einem besonderen Kapitel ausführlich erörtert werden sollen.

Ich werde zunächst die verschiedenen Definitionsansätze zu den Stichwörtern »Märchen« und »Sage« vorstellen und mich mit ihnen auch kritisch auseinandersetzen, um von daher zu einem Umriß des Wesens und der Besonderheiten des Märchens zu gelangen.

Ich werde darstellen, unter welchen Blickwinkeln und mit welchen Ergebnissen verschiedene wissenschaftliche Disziplinen, aber auch ideologische Gruppen Märchen untersucht haben.

Ich werde mich bemühen, die Frage nach den im Märchen eingeschlossenen, unsere psychische Befindlichkeit balancierenden und unser Bedürfnis nach Sinnorientierung befriedigenden Kräften zu beantworten.

Ich sollte vorausschicken, daß ich keiner der auch in der Märchenforschung vorhandenen Schulen und Cliquen als gläubiger Jünger oder eifernder Bannerträger angehöre. Sehr einleuchtend erscheint mir in diesem Zusammenhang der Satz: »Es ist schlichtweg undenkbar, daß das Märchen im Lauf seiner langen Geschichte – belegt von den frühesten schriftlichen Zeugnissen der Menschheit an – *nicht* zum Träger sehr verschiedener Erfahrungen und Bedürfnisse geworden sein sollte. Die Absolutsetzung einer Aussage negierte also die Geschichtlichkeit des Menschen und des menschlichen Geistes« (Gerhard Haas).

Es scheint mir auch richtig, ausdrücklich darauf hinzuweisen, daß es nicht mein Ehrgeiz ist, in diesem Buch so etwas wie eine eigenständige Märchentheorie – oder nur einen Ansatz dazu – zu entwickeln, was Vorlieben und Abneigungen für und gegen gewisse Positionen freilich nicht ausschließt.

Mein eigener Standpunkt im Getümmel der Meinungen und Ansichten läßt sich am besten mit ein paar Sätzen umreißen, die in Heinrich Zimmers ›Abenteuer und Fahrten der Seele‹ stehen, einem wunderbar erhellenden Buch, dessen Lektüre ich nur jedem Märchenfreund empfehlen kann.

Nach seiner Definition des Dilettanten, den Zimmer als jemanden beschreibt, der sich aus »diletto« (Freude, Vergnügen) mit einer Sache beschäftigt, heißt es dann etwas respektlos und auf Offenheit dringend weiter:

»Sobald wir jene Dilettanteneinstellung den Sagenbildern und dem Mythos (und somit auch dem Märchen) gegenüber aufgeben und ihrer eigentlichen Bedeutung sicher zu sein vermeinen, berauben wir uns des belebenden Kontaktes, des dämonischen und inspirierenden Ansturms, in dem sich ihre Wesenskraft auswirkt. Wir verlieren dann die nötige Demut und Aufgeschlossenheit dem Unbekannten gegenüber, wollen uns nicht belehren, wollen uns nicht zeigen lassen, was bisher weder uns noch anderen je ganz mitgeteilt wurde.«

Noch auf eine Eigenheit bei der Gestaltung dieses Buches sei der Leser im voraus hingewiesen.

Die zahlreichen Motti, aber auch gewisse längere Zitateinschübe, die den laufenden Text unterbrechen, sind nicht als Ausweis besonderer Belesenheit gedacht, sondern wollen, oft auch kontrapunktisch zu anderen Informationen und den referierten Meinungen, zusätzliche Denkanstöße vermitteln.

Frederik Hetmann

I.
Was ist ein Märchen?
Schwierigkeiten der Definition

>»Die Wächter rückten ihm mit Lupen und Sonden
>und hundert Fragen zu Leibe, bis aus dem harm-
>losen, lieben Ding ein Problem wurde. Weshalb
>Hexen? Dahinter steckt etwas. Weshalb Tiere, die
>sprechen, weshalb die Wünsche nach Gold, wes-
>halb Blutstropfen und Stich in die Finger? Warum
>Lösungen aller Bedrängnisse: Wunschträume,
>wie? Das Märchen, von lauter Brillen umstellt,
>sah ein, daß es das dunkelste und hintergründig-
>ste Ding auf Erden sei ...«
>
> Otto Flake

Definitionen

Versuchen Sie doch spontan selbst einmal die Definition dessen,
was ein Märchen ist! Sie werden feststellen: Selbst, wenn Sie
etwas Zeit und Überlegung darauf verwenden, ist die Bestimmung
von etwas, das man von klein auf kennt, dessen Eigenart zudem
doch unter anderem auch gerade darin besteht, daß es nicht kompliziert zu sein scheint, gar nicht so einfach.

Prüft man die Definitionen der Spezialisten und Wissenschaftler, so stellt sich auch bald heraus, daß sich an jeder leicht etwas
aussetzen läßt oder etwas Entscheidendes vergessen worden ist.

Vom Wortsinn her, so läßt sich herausfinden, geht es hier
zunächst einmal recht allgemein um eine »Kunde«, »einen Bericht«, »eine Erzählung«. Wenn wir »Volksmärchen« sagen, denken wir gewöhnlich an ein kollektives Entstehen dieser Kunde
oder kurzen Geschichten, während bei einem »Kunstmärchen«
sich ein namentlich bekannter Autor der besonderen Eigenarten
eines Volksmärchens bedient, ob tatsächlich immer »kunstvoll«,

steht dabei noch auf einem anderen Blatt. Es wird sich später herausstellen, daß auch diese Unterscheidung ihre Tücken hat, weil das Volk dort, wo es uns so selbstverständlich als Erfinder oder anreichernder Weitererzähler einer anonym entstandenen Geschichte hingestellt wird, oft eben gar nicht deren Schöpfer, Erfinder oder Autor ist, vielmehr Märchenerzähler manchmal auch Angelesenes weitergegeben haben.

Vom »eigentlichen Märchen« ist manchmal die Rede, und gemeint sind damit vor allem die Zauber- und Wundermärchen, wie überhaupt Zauber, Wunder, das Übernatürliche als wichtige Charakteristika des Märchens auftauchen.

Johannes Bolte und Georg Polivka definieren in ihren Anmerkungen zu den ›Kinder- und Hausmärchen‹ (gleich wieder zwei neue Eigenschaften!) der Brüder Grimm so:

»Unter Märchen verstehen wir seit Herder und den Brüdern Grimm eine mit dichterischer Phantasie entworfene Erzählung, besonders aus der Zauberwelt, eine nicht an die Bedingungen des wirklichen Lebens geknüpfte wunderbare Geschichte, die hoch und niedrig mit Vergnügen anhören, auch wenn sie diese unglaublich finden.«

Ebenfalls auf den Zauber hebt Will-Erich Peukert ab, wenn er schreibt:

»Märchen, eine Erzählung, die in der zauberischen Welt stattfindet ... in ihr werden Wunder verrichtet, in denen der Mensch sich verwandeln kann.«

Nun auch die Bauart mit einbeziehend, definiert der amerikanische Professor Stith Thompson:

»Ein Märchen ist eine Geschichte von einiger Länge, die eine Folge von Motiven oder Episoden umfaßt. Es spielt in einer unwirklichen Welt ohne bestimmte Orte oder Charaktere und ist erfüllt vom Wunderbaren. In dem Nie- und Nirgendsland töten Helden ihre Feinde, erben Königreiche und heiraten Prinzessinnen.«

Auch diese Definition ist nicht ohne Mucken. Es ließe sich auf Märchen hinweisen, die nur ein Motiv haben, und wie anschaulich auch diese inhaltliche Definition zum Schluß wird, es geht im Märchen häufig, aber keineswegs immer nur um Königreiche und die Heirat mit Prinzessinnen. Man denke an eines der bekanntesten deutschen Märchen, das Märchen von Hänsel und Gretel, in dem weder ein Königreich noch eine Prinzessin vorkommt. Und daß das Märchen an keinem bestimmten Orte spielt und keine bestimmten Charaktere hat, müßte bei jemandem, der keine Märchen kennt und sich an dieser Definition orientieren wollte, zu falschen Vorstellungen führen.

Sehr abstrakt klingt dann auch wieder eine Definition von Kurt Ranke:
»Eine von den Bedingungen der Wirklichkeitswelt in ihren Kategorien Zeit, Raum und Kausalität unabhängige Erzählung wunderbaren Inhalts, die keinen Anspruch auf Glaubwürdigkeit hat.«
Dabei kommt es nun freilich sehr entscheidend darauf an, was man unter Glaubwürdigkeit verstehen will. Auf seine Art nämlich ist das Märchen freilich glaubwürdig. Es hat eine Glaubwürdigkeit, die sich von dem, was wir sonst für wahr und wirklich erachten, ganz wesentlich unterscheidet. Nur eine noch genauere Einkreisung eben dieses Unterschieds bringt uns dem Kern der Sache wenigstens näher. Der französische Anthropologe Claude Levi-Strauss hat im Unterschied zu dem logisch, rationalanalytischen Denken, das sich im europäischen Kulturraum von der griechischen Philosophietradition her durchgesetzt hat, in bezug auf das Märchen von einem »wilden Denken« gesprochen, für das er die folgenden Eigenarten als kennzeichnend ansieht:
»Alle Erkenntnis für die Figuren der Handlung wie für den Leser vollzieht sich im Märchen auf indirekte, sinnlich vermittelte Weise. Bezeichnend ist nicht der schlußfolgernde Gedanke, sondern das unvermittelte, komplexe, vieldeutige Bild. Alle Dinge und Bilder sind untereinander verbunden, damit aber auch von einer gewissen Uneindeutigkeit. Bezeichnend für die so bestimmte Art von Phantastik ist die ›harte Fügung‹, also die übergangslose Verbindung höchst unterschiedlicher, ja widersprüchlicher Teile.«
Diese für das Märchen bezeichnende Art des Bewußtseins wird besonders dort deutlich, wo manchmal, aus welchen Gründen auch immer, in den Text plötzlich Sätze eingesprengt sind, die offensichtlich eine ganz andere Art von Bewußtseinshaltung ver-

raten: »Einschüsse eines logisch ordnenden und rational erklärenden Verstandes.« (Haas)

Nicht uninteressant ist auch jene Märchendefinition, die ›Meyers Kleines Konversationslexikon‹ aus dem Jahre 1909 liefert. Sie lautet:

»Märchen: die Schranken der Wirklichkeit nicht beachtende, auf kindlicher Weltbetrachtung beruhende phantastische Erzählung, ist entweder ein von Mund zu Mund und von Volk zu Volk wanderndes, gelegentlich an alte Mythen anknüpfendes Erzeugnis der Volkspoesie (Volksmärchen) oder Dichtung eines einzelnen (Kunstmärchen).«

Auch in dieser Definition ist eine Passage enthalten, die leicht in die Irre leiten kann. Die Bemerkung über die »kindliche Weltbetrachtung«. Daß Märchen etwas unbedingt für Kinder Bestimmtes seien, wie man vielleicht aus dieser Definition herauslesen mag, kann keineswegs für ausgemacht gelten, sondern bedarf an entsprechender Stelle eines, wie sich herausstellen wird, recht komplizierten Untersuchungsganges.

Die große alte Dame unter den deutschen Märchenerzählerinnen, Vilma Mönckeberg, hat schon recht, wenn sie erklärt: »Es ist ein Irrtum zu glauben, in der ganzen Welt seien die Märchen für Kinder. Das trifft nur für die ›zivilisierte Welt‹ zu.«

Aber es stimmt freilich auch und hat sich in zahlreichen empirischen Untersuchungen im Bereich der Psychologie und Anthropologie bestätigt, daß bei Kindern bis zu einem bestimmten Alter eine mythisch-bildliche, also dem Märchenbewußtsein entsprechende Weitsicht gleichberechtigt neben einer logisch-rationalen vorhanden ist und sich letztere erst mit zunehmendem Alter gegenüber der ersteren durchsetzt.

Wesenszüge des Märchens

Das Unbefriedigende in vielen kurzen Definitionen zum Märchen dürfte es wohl auch gewesen sein, was schließlich dazu geführt hat, dieses Feld eines besonderen phantastischen Bewußtseins ausführlicher zu durchdenken und zu beschreiben.

Vielleicht am sorgfältigsten und differenziertesten hat das seit den vierziger Jahren unseres Jahrhunderts der schweizerische Märchenforscher Max Lüthi versucht und dabei die folgenden Eigenheiten des Märchens herausgearbeitet:

1. Die Eindimensionalität. Damit ist gemeint, daß im Märchen wirkliche und unwirkliche Welt nahtlos ineinander übergehen, oder, um es mit Lüthis eigenen Worten zu sagen: »Die Menschen des Märchens, Helden wie Unhelden, verkehren mit diesen Jenseitigen, als ob sie ihresgleichen wären. Ruhig und unerschütterlich nehmen sie ihre Gaben in Empfang oder schieben sie beiseite, lassen sich von ihnen helfen oder kämpfen mit ihnen, und dann gehen sie ihren Weg weiter. Ihnen fehlt das Erlebnis des Abstandes.«

2. Die Flächenhaftigkeit. Damit wird darauf hingewiesen, daß es den Figuren des Märchens an Innenwelt fehlt. Ihre Umwelt wird nicht oder nur äußerst knapp mit vorgezeigt. Es herrscht ein ganz besonderer Zustand von Zeit. Zeit stellt sich selten als Verlauf oder Entwicklung dar. »Alternde Menschen gibt es (im Märchen) keine und ebensowenig alternde Jenseitige. König, Prinz und Diener können beliebig lange Zeit in Tiere, Pflanzen oder Steine verzaubert sein – wenn sie erlöst werden, sind sie genauso jung wie damals, als sie verwünscht wurden.«

3. Der abstrakte Stil. Er drückt sich aus in der scharfen Umrißlinie der Dinge, darin, daß nicht Individuen, sondern Vertreter eines Typs (der König, der junge Mann, die häßliche Alte) auftauchen, in der Bedeutung von Einzahl, Dreizahl, Siebenzahl und Zwölfzahl, in den Extremen, den polaren Situationen und Konstellationen, aber auch in der großen Bedeutung von Verboten und Bedingungen.

4. Isolation und Allverbundenheit. Achtet man darauf, so vermeint man, beim Anhören oder Lesen eines Märchens sich in einem Raum zu befinden, in dem nur gewisse Dinge und Personen spotlightartig hervorgehoben werden. In einer Märchenhandlung fehlt die ausmalende Darstellung. Setzung steht neben Setzung. Zur Isolation gehört nach Lüthi auch, daß die Figuren des Märchens nichts lernen, aus einmal gemachten Erfahrungen später nicht unbedingt einen Nutzen zu ziehen wissen, daß sie auf eine bestimmte Funktion in der Handlung eingeschränkt sind wie der

Vogel Gryf in einem Aargauer Märchen. Er ist »allwissend und kennt die Lösung jedes Rätsels, aber daß unter seinem Bett ein Lauschender liegt, daß dieser ihm dreimal hintereinander eine Feder ausreißt, merkt er nicht«.

Unter dem Stichwort »Isolation« wird schließlich auch subsumiert, daß ein Märchenheld irgendwelche besonderen Fähigkeiten besitzt, ohne daß erklärt oder begründet würde, warum. Hingegen deutet der Begriff »Allverbundenheit« auf etwas, das auch schon bei der Erklärung von Lévi-Strauss' »Wildem Denken« angeklungen ist. Die Figuren des Märchens werden gewissermaßen von einer Mechanik hinter den Dingen gelenkt, in der sich die Gegensätze berühren, verwandeln und aufheben.

5. *Sublimation und Welthaltigkeit.* Unter diesen Stichworten kommt Lüthi von einem anderen Blickwinkel auf etwas zurück, was schon im Zusammenhang mit der »Eindimensionalität« beschrieben worden ist: das merkwürdige, übergangslose Nebeneinander unheimlich-magischer und profaner Elemente, die Amalgamierung von Riten, Sitten, Gebräuchen, Tabus.

In der Stilisierung dieser Wesenszüge ist Lüthi sehr weit gegangen, so daß sich immer wieder Märchen auffinden lassen, deren Wesensart diesen fünf Eigenheiten offensichtlich widerspricht. Es gibt Märchenfiguren, die Entschlüsse fassen. Es gibt solche, die eine Entwicklung durchmachen, wie beispielsweise die Hochmütige in ›König Drosselbart‹, die ja sogar ihr falsches Handeln immer wieder in einem gereimten Fazit bedauert:

»Ich arme Jungfer zart, /Ach hätt ich genommen den König Drosselbart.«

Und gegen den Begriff »Flächenhaftigkeit« hält Vilma Mönckeberg eine Passage aus einem von Ernst Lüthi selbst edierten irischen Märchen, in der die sexuelle Erregung einer Prinzessin so geschildert wird:

»Bis dahin hatte die Königstochter noch nie, seit sie auf diese Sündenwelt gekommen war, einen Knaben oder Burschen gesehen. Sie wußte nichts über Männer. Aber eines Tages, als sie in einem goldenen Stuhl am Fenster saß und scharf hinaussah, da glaubte sie einen jungen Mann zu sehen. Es überkam sie eine große Erregung, eine Erregung, die sie niemals vorher gefühlt

18

hatte. Es schien ihr, als ob kein Glied mehr von ihren Gliedern war, das nicht in Liebe zu dem jungen Mann entbrannt sei, der ihr gegenüber vor dem Fenster stand.«

Auch scheint mir nun wirklich nicht ausgemacht, ob sich bei einem Schweinejungen, der von der Königstochter erst verlangt, daß sie ihren Busen entblöße, und dann, daß sie ihr Knie aufdecke,»nicht das leiseste erotische Gefühl regt« und daß»die sexuellen und erotischen Stoffkerne im Märchen immer entwirklicht würden«, wie Lüthi schreibt. Vielmehr scheint sich gerade in diesem Fall ein recht raffinierter Striptease abzuspielen, über dessen tiefere Bedeutung man gewiß dann immer noch diskutieren kann.

Solche Einwände werten die Bedeutung von Lüthis Definitionsversuch zum Wesen des Märchens keineswegs ab. Es wird nun lediglich klar, warum keine Definition, auch nicht eine weitergefaßt-einkreisend-analytische, dem Wesen des Märchens hundertprozentig gerecht werden kann. Alle Definitionen und Kataloge von Charakteristika arbeiten zwangsläufig eben gerade mit Prinzipien und Begriffen des logisch ordnenden Verstandes, also eines Bewußtseins, von dem wir gesehen haben, daß es dem des Märchens nicht kongruent ist.

Märchen und Sage

In unmittelbarer Nachbarschaft zum Märchen, und doch manchmal nicht leicht von ihm zu unterscheiden, steht die Sage. Wie Lutz Röhrich erklärt, ist die Sage erst seit den Brüdern Grimm ein »allgemein gewordener wissenschaftlicher Terminus«. Er verknüpft ihn mit den von Jacob und Wilhelm Grimm zwischen 1816 und 1818 veröffentlichten zwei Bänden ›Deutsche Sagen‹, von denen der erste Band »Ortssagen«, der zweite Band »geschichtliche Sagen« enthielt.

Haben Märchenhelden scharfe Umrisse, sind aber ohne Tiefe, also Typen, so handeln in der Sage »Menschen, die unsere Nachbarn sein könnten« (Petzold). Der enge Bezug der Sage zur Lebenswirklichkeit macht sie glaubhafter als das Märchen. Schon die Brüder Grimm schrieben, das Märchen sei poetischer, die Sage historischer, und meinten damit, bei dem Märchen handele es sich um eine nicht geglaubte, bei der Sage um eine geglaubte Erzählung. Daran knüpft dann Friedrich Ranke mit seinem Definitionsversuch an, in dem das Märchen als »nicht geglaubtes Phantasieprodukt«, die Sage als »geglaubter Erlebnisbericht« bezeichnet wird. Dies weiter differenzierend schreibt Johannes Bolte: »Während die Sage den Anspruch erhebt, Wirklichkeit zu geben, und von den Hörern Glauben verlangt, kümmert sich das Märchen, das ... nur unterhalten will, nicht um die Bedingungen irdischen Geschehens.«

Vom Inhalt her war schon durch die Grimmsche Sagenedition ein gewisses Ordnungsprinzip vorgegeben worden. Der erste Band, die »Ortssagen«, sind: »Vorwiegend Berichte über die Begegnung mit dem Numinosen, mit dem ganz Anderen, sei dies nun eine auffällige oder ungewöhnliche Situation, sei es das Zusammentreffen mit dämonischen Wesen, mit Widergängern oder teuflischen Gestalten, mit zauberischem Geschehen oder was immer« (Röhrich).

Die Reste altgermanischer Mythologie in den Sagen, nach denen während des 19. Jahrhunderts eifrig Ausschau gehalten wurde, scheinen eher gering zu sein. Immerhin könnten sich in sehr alten Schichten von Sagenstoffen jägerisch-schamanistische Vorstellungen bewahrt haben. So, wenn in gewissen Sagen ein Toter durch Zusammensetzung seiner Knochen wieder zum Leben erweckt wird. Merkwürdige Gebäude oder Felsformationen, ein einsamer See oder ein alleinstehender Baum scheinen häufig nach einer Erklärung verlangt zu haben. Der Mäuseturm in Bingen ist ein Beispiel für einen solchen Sagenanlaß. Aus einem Mautturm (Zollturm) wurde ein Mäuseturm, und man brachte ihn mit der Bestrafung des Bischofs Hatto von Mainz in Verbindung, ein Motiv, das sich seinerseits wieder zu einer Sage um den polnischen König Popiel zurückverfolgen läßt. Eine weitere interessante »ätiologische« (d. h. erklärende) Sage spinnt sich um zwei Pferdeköpfe am Haus der Richmodis von Anduch in Köln. In der bekannten Sagenversion wird die schon beerdigte, offenbar scheintote Frau von Grabräubern, die ihr einen Ring stehlen wollen, aufgeweckt und läutet in einer eisigen Februarnacht an der Wohnungstür des ehelichen Hauses. Als der Ritter hinausschaut, ruft ihm sein Weib zu:»Mengis, ich bin's, ich bin nicht tot. Öffne die Tür.« Er aber ruft aus:»Bevor meine Frau aus dem Sarg zurückkehrt, werden eher meine beiden Schimmel oben auf den Speicher stehen.« Worauf tatsächlich gespenstische Hufe die Stiege hinauf bis unters Dach poltern. Nachdem der Ritter sich überzeugt hat, daß seine Frau nicht tot ist, läßt er später an der Speicherluke des Hauses Richmondstr. 2-6 zwei Pferdeköpfe anbringen. Soweit die Sage. Tatsächlich bewohnte dieses Haus einmal eine Familie, die Hackeney hieß, was »Pferd« bedeutet.

Nicht immer ist das, was die Sage erklären will, leicht aufzudecken und zu dechiffrieren, und häufig sind auch mehrere Erklärungsverweise in einer Sage enthalten. So in dem folgenden, in typischer Sagenschlichtheit erzählten Text:
»Auf dem Marktplatz von Remich (in Luxemburg) ließ sich mehrere Jahre lang immer ein weißes Kaninchen sehen. Um das haben oft alle Leute, Männer, Frauen und Knaben, einen großen Kreis gebildet und haben es fangen wollen; aber wenn sie nach ihm griffen, war es immer ein weißer Stein. Einmal hat einer einen ganz sichern Fang tun wollen, und er hat sich mit seinem Leib darauf fallen lassen. Da lag er auf einem dicken Stein.«

Die Episode, in der Menschen einen Stein umtanzen und diesen für ein Tier halten, verweist auf eine sehr frühe Zeit, auf das Weltbild der Altsteinzeitmenschen, deren Tierdarstellungen in den Höhlenmalereien erhalten geblieben sind. Ihr Weltbild war magisch oder unistisch, d. h., sie erfaßten Leib und Seele als Einheit. Sie erkannten den Unterschied zwischen belebt und unbelebt nicht, und sie konnten sich nicht die Seele außerhalb des Körpers wirksam denken. Der Stein war für sie eine Signatur für das Kaninchen, das sie als Jäger erlegen wollten. Diese früheste Bedeutung dieser Geschichte war bestimmt zu der Zeit, in der die Sage schließlich in der uns vorliegenden Form aufgezeichnet wurde, nicht mehr bekannt. Von dem ursprünglichen Ritual des Jagdzaubers hatte sich nur noch die Geschichte erhalten, die nun ohne das Ritual weiterlebte. Der Ausgang der Sage – jemand wirft sich auf das Kaninchen, es ist ein Stein, er tut sich dabei weh – deutet auf eine Zeit mit rationalem Bewußtsein. Aber auch in dieser Zeit ist in den Menschen, die sich an ein rationales Weltbild gewöhnt haben, noch ein Gespür dafür vorhanden, daß sich mit Rationalität nicht alle Bedürfnisse des Menschen einlösen lassen. Deswegen wird diese alte Geschichte erinnert, erzählt, aufgeschrieben. Anlaß dazu könnte beispielsweise der Ausbruch einer Hungersnot gewesen sein, die sich trotz rationalistischer Praktiken nicht verhindern ließ. Also versuchte man den empfundenen Mangel durch das Wiederauflebenlassen einer Signatur und der dazugehörigen Feierlichkeit (Bilden eines Kreises) zu bannen.

Neben den »Ortssagen« stehen die geschichtlichen Sagen. Nicht selten erzählen sie von der unter unheimlichen Umständen vor sich gehenden Entstehung eines mächtigen Geschlechts oder einer Dynastie. Weil dieses Geschlecht Fürsten oder mächtige Männer hervorbrachte, die scheinbar Übermenschliches vollbrachten, muß am Ausgangspunkt gewissermaßen eine Aufladung durch etwas Übernatürliches stattgefunden haben. Was sich in der Sage dieser Art als Einbruch des Göttlich-Übernatürlichen abbildet, kann seinen Ansatzpunkt durchaus in einer realen kulturgeschichtlichen Veränderung haben, die sich zu Lebzeiten der betreffenden Person oder in ihrem kulturellen Umfeld abgespielt hat. Ein gutes Beispiel ist hier die Sagengestalt des König Artus. Geschichtliche Realität ist ein Anführer der Briten, der den Widerstand gegen die das Land bedrohenden Sachsen im 5. nachchristlichen Jahrhundert unter Ausnutzung der von den Römern gebauten Hügelforts organisierte, aber auch den Sachsen dadurch überlegen war, daß er, im Unterschied zu ihnen, über eine Reiterstreitmacht verfügte, die ihm eine große Mobilität verlieh. Nun legitimiert sich Artus oder Arthur, wie man sich erinnern wird, in der später erzählten Sage dadurch als der gute, übermächtige König und Retter des Stammes, daß er ein Schwert aus dem Stein zieht. Der reale Anlaß für diese Episode reicht bis weit vor das 5. Jahrhundert nach Christus zurück, nämlich bis zu jener entscheidenden zivilisatorischen Schwelle, da, in der Zeit der sogenannten Hallstein-Kultur, den Kelten auf dem Kontinent durch eine Gruppe wandernder Schmiede die Eisenverhüttung und die Herstellung von eisernen Waffen gelang. Dieses zunächst als übermächtig und unheimlich empfundene Ereignis hat sich in dem Sagenbild des aus dem Stein gezogenen Schwertes und der Aura vieler in Sagen auftauchender Schmiede erhalten. Wenden wir uns nun einem anderen interessanten Zusammenhang zwischen Sage und Märchen zu. Erinnern wir uns zunächst an die Feststellung, daß der Held des Märchens eine abstrakte Gestalt, ein Typus, ist, während in Sagen ein häufig durchaus individuell geschildertes Wesen eine übernatürliche Erfahrung macht. Das hat zu der Überlegung geführt, ob es einen Entwicklungszusammenhang zwischen Sagen und Märchen gäbe. Anders gefragt: Ist die Sage aus dem Märchen entstanden oder das Märchen aus der Sage? Von Märchenforschern sind beide Hypothesen vertreten worden. Für mich hat die von Marie-Louise von Franz konstruierte Ableitung die stärkste Überzeugungskraft. Die Autorin demonstriert ihre Ansicht an einer Episode aus einer Schweizer Familienchronik des 19. Jahrhunderts. Darin wird über eine Familie aus Chur, der Hauptstadt des Kantons Graubünden, folgendes erzählt:

»Ein Müller in einem entlegenen Dorf dieser Gegend geht eines Abends aus, um einen Fuchs zu schießen. Er stellt das Tier, zielt, der Fuchs hebt die Pfote und sagt: ›Schieß nicht auf mich!‹ Der Jäger erschrickt. Dies nützt der Fuchs aus, um zu verschwinden. Der Schreck sitzt dem Müller tief in den Knochen. Seine Furcht steigert sich noch, als er heimkommt und erkennen muß, daß auf übernatürliche Weise (angeblich!) seine Mühle in Gang gesetzt worden ist. Zwei Tage später stirbt er.« So erzählt (der Müller wird bei seinem Vor- und Zunamen genannt, die Mühle hat einen bestimmten Ortsnamen), wird aus einem unheimlichen oder parapsychologischen Vorfall eine Ortssage. Nun ist es aber ein bekanntes, nicht nur in Graubünden verbreitetes Märchenmotiv, daß eine Hexe die Gestalt eines Tieres, nicht selten speziell die eines Fuchses, annimmt. Durch diese Erweiterung, durch die Verbindung des örtlichen Sagenstoffes mit diesem Motiv, kann aus einer Ortssage ein Märchen werden. Nun wird nicht mehr von Müller Huber und von einer Mühle in einem bestimmten Tal erzählt. Die Geschichte beginnt jetzt:

»Es war einmal ein Müller, der ging eines Abends auf die Jagd etc. ...« Aus der bestimmten Person, einem Individuum, ist der Repräsentant eines Berufes, aus einer bestimmten Mühle eine Mühle schlechthin, aus einer Sage durch Abstraktion ein Märchen geworden.

Legende, Fabel, Schwank

Der Sage wiederum recht nahe steht die Legende. Sie ist eine »Mirakelerzählung, die um das irdische Leben heiliger Personen kreist.« Die Nähe der beiden Gattungen deutet sich im Französischen sogar in der Bezeichnung an Dort ist nämlich eine »legende populaire« oder »legende folklorique« identisch mit dem, was wir Sagen nennen, während die »Heiligenlegende« »legende hagiographique« heißt. Daß auch die Fabel in die Nähe des Märchens gerückt wurde, erklärt Max Lüthi damit, daß in ihr »sprechende und handelnde Tiere oder Pflanzen« vorkommen. Im deutschen Sprachraum haben wohl als erste die Brüder Jacob und Wilhelm Grimm einen Zusammenhang zwischen Märchen und Fabel hergestellt. In der sogenannten ›Ölenberger Handschrift‹ aus dem Jahr 1810 sind die ersten Texte ›Vom Kätzchen und Mäuschen‹, ›Das Läuschen und Flöhchen‹, ›Der getreue Gevatter Sperling‹ und ›Von dem Strohhälmchen, dem Köhlchen und dem Böhnchen‹ »der Fabel nahestehende Stücke« (Klaus Doderer), und schon unter ihren frühesten Märchenaufzeichnungen aus dem Jahr 1808 findet sich mit ›Der Fuchs und die Füchsin‹ ein solcher Stoff. Die Grimms stellten sich vor, daß es irgendwann einmal ein Urepos gegeben habe, »letzte Splitter dieser Mythologie seien sowohl in den Märchen, in den Sagen und eben auch in den Fabeln zu finden«.

Wie eng eine solche Vorstellung mit der Hoffnung auf Wiederauffindung einer »von Rationalismus und Klassizismus (nur) übertünchten Kultur« zusammenhängt, erklärt Klaus Doderer ausführlich in seinem sich speziell mit dieser Literaturgattung auseinandersetzenden Band ›Fabeln – Formen, Figuren, Lehren‹ (Zürich 1970). Vor allem Wilhelm Grimm scheint erwartet zu haben, es würden sich in Deutschland, direkt »aus dem Mund des

Volkes«, nicht vom antiken Fabeldichter Äsop erfundene Fabeln finden lassen.

Der »Schwank« schließlich hat eigentlich nur eine gewisse Tendenz in Richtung auf das Unwirkliche. Er kann »die Ordnung des irdischen Daseins in Frage« stellen und sich als »Märchenschwank« gerade auch über das der Sage Spezifische, den Einbruch des Numinosen, lustig machen oder die Heiligkeit der Legendengestalten ins Brüchig-Komische ziehen.

Märchen und Mythos

Wichtiger noch erscheint eine genauere Auseinandersetzung mit den Zusammenhängen zwischen Märchen und Mythos. Hinführend ist zunächst einmal zu sagen, daß der »Mythos« einen frühen, »primitiven Zustand menschlichen Denkens« darstellt. »Der für die Vernunft noch unempfängliche menschliche Geist«, definiert Pierre Grimal, »stellte sich die Welt als Schauplatz eines Dramas vor, in dem sich launenhafte Willenskräfte gegenüberstanden ... Angesichts eines Universums voller Ungewißheiten und Rätsel schaltet sich der Mythos ein, um diese Dinge zu vermenschlichen: die Wolken des Himmels, das Licht der Sonne, die Stürme des Meeres, all dieses Außermenschliche büßt ein Gutteil seines Schreckens ein, wenn man darin eine Absicht, ein Empfindungsvermögen, eine Motivierung solcher Art zu erkennen glaubt, wie sie jedes Individuum tagtäglich erfährt.« (›Mythen der Völker 1‹, Fischer Taschenbuch 6332)

Damit ist das Weltverständnis im Mythos erklärt, aber der Begriff bedarf noch einer weiteren Präzisierung.

»Nach religionswissenschaftlichem Verständnis«, so schreibt Jürgen Roloff, »ist Mythos eine erzählende Darstellung von urzeitlichen Vorgängen zwischen Göttern, übernatürlichen Mächten und Heroen, die Auskunft geben will über Ursprung und das Wesen der Welt, die Stellung des Menschen in ihr und die seine Existenz bestimmenden Normen.«

Der Vielzahl der so erklärten Erscheinungen »Lauf der Gestirne, Jahreszeiten, Vielfalt der Völker, Sprachen und Kulturen,

25

Klassen- und Kastenunterschiede und Eigentumsverhältnisse ...« entspricht die Vielzahl der zwar vom »echten Mythos« unterschiedenen, aber mit ihm zusammen auftretenden Darstellungsformen wie philosophische Allegorie, Satiren und Parodien, sentimentale Fabeln, Sängerromanzen, politische Propaganda, moralische Legenden, Anekdoten, theatralische Melodramen, Heldenepen und realistische Passagen (Robert Ranke-Graves).

Die Ansichten über den Zusammenhang von Mythe und Märchen sind nun ausgesprochen kontrovers.

Während E. Schwyzer dargelegt hat, daß beispielsweise die Herkules-Mythe aus einzelnen Szenen gereiht ist, von denen alle Märchenmotive sind, und nachzuweisen versuchte, daß Mythen angereicherte und literarisch differenzierte Märchen sind, gibt es auch den genau umgekehrten Erklärungsversuch, nämlich, eine bestimmte Bevölkerung habe zunächst nur Mythen gekannt, dann sei ihre soziale und religiöse Ordnung zerfallen und die Überreste der Mythen hätten sich in der Form der Märchen erhalten.

Schon erwähnt worden ist die Vorstellung der Brüder Grimm, Märchen seien Splitter einer Mythologie. Diese Anschauung gilt als überholt, aber Marie-Louise von Franz weist darauf hin, daß sich in dem Band ›Griechische Märchen‹ der im Diederichs Verlag erschienenen Sammlung ›Märchen der Weltliteratur‹ eine ganze Anzahl von Märchen findet, die wie leicht entstellte Episoden aus der Odyssee wirken, woraus sie meiner Ansicht nach etwas voreilig die These ableitet:

»Eine Geschichte erhebt sich zur Mythe und sinkt wieder ab zum Märchen.«

Auch in Irland läßt sich ein ähnliches Phänomen beobachten:

Zahlreiche Geschichten aus den frühen mythologischen Zyklen, die zunächst über Jahrhunderte mündlich tradiert wurden, ehe sie zwischen dem 12. und 14. Jahrhundert unter Evangelien und Psalmen eine schriftliche Fixierung fanden, lebten danach auch noch als orale Literatur fort und wurden bis ins 20. Jahrhundert von ländlichen Märchenerzählern als Märchen mit deren Repertoire weitergegeben. Schwierig zu entscheiden ist aber die Frage, ob es sich bei den Märchenversionen um Splitter der Mythen handelt oder ob parallel zur mythenhaften Ausformung von jeher eine märchenhafte Version vorhanden war. Durch die Eigenart oraler Vermittlung dürfte sich diese Frage wohl nie schlüssig klären lassen.

Religiöse Mythen zerfallen schließlich insofern in zwei Arten, als bestimmte Mythen mit Ritualen verbunden sind, andere nicht. Das führte Tylor in seinem Buch ›Primitive Cultures‹ zu der Annahme, Märchen seien die Überreste nicht eines untergegangenen Glaubens, sondern alter Rituale. Das Ritual sei abgestorben, die mit ihm zusammenhängende Geschichte habe in der Form des Märchens überlebt. K. Rassmussen überliefert in seinem Buch ›Die Gabe des Adlers‹ (Frankfurt/M, 1923) eine Geschichte der Eskimos vom Ursprung des Adler-Festes. Um die Gäste zu diesem Fest einzuladen, werden Adlerfedern an einen Stock geklebt. Für das Fest selbst wird ein großes Iglu, manchmal auch ein Versammlungshaus aus Holz errichtet. Einmal im Jahr kommen die Gäste in ihren Hundeschlitten herbei. In dem Raum stehen ausgestopfte Adler. Man tanzt, erzählt Geschichten, handelt und praktiziert Frauentausch. Das Adlerfest hat sowohl religiösen als auch profanen Charakter. Über seine Entstehung wird die folgende Geschichte erzählt:

»Ein einsamer Jäger schoß einen besonders schönen Adler. Er nahm ihn mit heim. Offenbar von beträchtlichen Schuldgefühlen erfüllt, stopfte er ihn aus und fühlte sich von Zeit zu Zeit zu einem kleinen Nahrungsopfer für den Adler gedrängt. Als er einst mit den Skiern zur Jagd unterwegs war, geriet er in einen Blizzard. Er setzte sich auf den Boden, als plötzlich vor ihm zwei Männer standen, die Stöcke mit aufgeklebten Federn in der Hand trugen. Die Männer hatten Tiermasken vor dem Gesicht und befahlen ihm, eilig mitzukommen. Er rappelte sich trotz des Blizzards auf. Sie liefen sehr schnell voran. Er folgte ihnen, geriet aber in immer größere Erschöpfung dabei. Dann sah er durch den Nebel ein Dorf, von dem ein unbestimmtes Trommelgeräusch herüberdrang. Er fragte, was die Trommel sage, und einer der Männer erwiderte traurig: ›Das Herz einer Mutter schlägt.‹ Dann brachten sie ihn in das Dorf und führten ihn zu einer würdig aussehenden Frau in Schwarz. Plötzlich sah er, daß dies die Mutter jenes Adlers war, den er erlegt hatte. Die Mutter sagte, er habe ihren

Sohn sehr gut behandelt, ihm die nötige Ehre erwiesen. Er solle nur damit fortfahren. Sie wolle ihn nun ihrem Stamm vorstellen. Alle Angehörigen des Stammes waren in Wirklichkeit Adler, hatten aber vorübergehend menschliche Gestalt angenommen. Sie würden ihn in der Durchführung des Adlerfestes unterweisen. Er müsse sich alle Einzelheiten gut merken und solle dann zu seinem Stamm zurückkehren und dort jedes Jahr ein Adlerfest veranstalten. Nachdem die Mustervorstellung für das Adlerfest vorbei war, verschwanden plötzlich Dorf und Stammesangehörige, und der Jäger fand sich wieder halb erfroren im Schneesturm sitzend. Er schleppte sich in sein Dorf, erzählte, was er erlebt hatte und was ihm aufgetragen worden war. Und von diesem Zeitpunkt an feierte der Stamm regelmäßig das Adlerfest.«

Die Geschichte ist nicht nur für den Zusammenhang von Märchen und Ritual von Bedeutung. Man muß wissen, daß bei gewissen Völkern, beispielsweise bei den Buschmännern in Südwestafrika, bis zu achtzig Prozent aller Märchen »Tiermärchen« sind. Die Streitfrage der Anthropologen, ob es sich dabei um als Tiere verkleidete menschliche Wesen oder als Menschen verkleidete Tiere handele, so erklärt Marie-Louise von Franz, sei müßig, da sich herausgestellt habe, daß die Tiere immer Träger von Projektionen psychischer Faktoren des Menschen seien. »Diese Geschichten«, schreibt sie, »wirken so menschlich, weil sie in Wirklichkeit nicht animalische Instinkte abbilden, sondern *unsere* tierischen Instinkte. Insofern sind sie auch tatsächlich anthropomorph.«

Volksmärchen und Märchen der Naturvölker

Die Frage nach den Unterschieden zwischen Volksmärchen und Märchen der Naturvölker scheint sich dann gar nicht zu stellen, wenn man von dem Jungschen Modell zur Märchenanalyse ausgeht.

Sieht man nämlich als erwiesen an, daß es ein kollektives Unbewußtes mit Archetypen gibt, so werden damit nicht nur gemeinsame Grundmuster in der Psyche aller Menschen, unabhängig von dem jeweiligen Kulturkreis, in dem sie leben, unterstellt. Es wird darüber hinaus auch angenommen, daß diese Archetypen, d. h. »die Essenz eines unbekannten psychischen Faktors, der sich in Bildern ausdrückt« (C. G. Jung), auch in den Märchen und Mythen aller Völker als ein Gemeinsames auftauchen. Andererseits wird zumindest von Schülern Jungs (M.-L. von Franz) eingeräumt, daß Mythen auch nationale Eigenarten aufweisen können. In ihrem Band ›Interpretation of Fairytales‹ (Irving, Texas 1978) schreibt Frau von Franz:

»Die Mythe ist etwas Nationales. Wer an den Gilgamesch-Mythos denkt, denkt an die sumerisch-hettitische-babylonische Zivilisation. Gilgamesch gehört dorthin, und man kann ihn sich nicht in Griechenland oder in Rom vorstellen, ebensowenig wie denkbar wäre, daß die Mythen von Herakles oder Odysseus, die nach Griechenland gehören, bei den Maoris auftauchen.«

Wie verträgt sich diese nationale Bedingtheit der Mythe aber mit der Lehre von den Archetypen? Ist da nicht ein Widerspruch? Er wird so aufzulösen versucht: »Die Grundstrukturen oder archetypischen Elemente einer Mythe sind eingebettet in die formale Darstellungsweise, die sie mit dem kulturellen kollektiven Bewußtsein der Nation, aus der sie herrührt, verbindet« (von Franz).

Es wird also eine Entwicklung unterstellt, bei der es zu einer »Anhebung eines solchen archetypischen Motivs« auf eine nationale Ebene kommt. Die nationale Kultur liefert dabei durch die für sie spezifischen Formen religiöser Zeremonielle und die besonderen poetischen Formgebilde gewissermaßen die Fassung für die archetypischen Bilder:

»Durch diese Verbindung mit der besonderen religiösen Überlieferung und den besonderen poetischen Formen drückt die Mythe nachhaltiger die Probleme der bestimmten Nation und Kulturperiode aus, verliert aber dabei etwas von ihrem allgemein-menschlichen Charakter. Odysseus, zum Beispiel, ist die Essenz der griechischen Wesenheit des Hermes oder Merkur und läßt sich als solche leicht mit den ›Trickster‹ (›Täuscher‹)-Helden in den Mythen anderer Völker vergleichen. Aber die Odysseus-Mythe ist spezifischer und griechisch. Man kann sagen, daß sie damit gewisse allgemein-menschliche Züge (ihres Archetypus) verloren hat« (von Franz).

Anders sieht Lüthi im Märchengut der Naturvölker mehr »Vorformen zum Märchen« denn Märchen selbst. Er meint, die Bezeichnung »Märchen« oder gar »Volksmärchen« könne außereuropäischen Märchenerzählungen »nur mit Einschränkung zuerkannt werden« (›Märchen‹, Stuttgart 1962). Stith Thompson, der eine exemplarische Sammlung mit Stoffen der nordamerikanischen Indianer ediert hat, sieht bei diesen die Nähe zur Mythe, spricht sogar ausdrücklich von »mythologischen Geschichten«, deren Absicht es sei, die Vorbereitung des gegenwärtigen Zustands der Welt darzustellen. Sie handeln oft von Halbgöttern oder kulturbringenden Helden. Sie erklären den Ursprung der Tiere, der Stämme, der Gegenstände, der Zeremonien oder des Universums selbst. Thompson meint, daß hier eine scharfe Trennung von Mythe, Märchen und Sage nicht möglich sei. Hingegen versucht er eine Klassifizierung nach der rituellen Bedeutung der Stoffe oder nach den in ihnen auftauchenden Personifikationen.

Er gebraucht den Begriff der »Schöpfungsmythe« und rechnet dazu auch solche Geschichten, in denen der kulturbringende Held in eine schon als vorhanden angenommene Welt kommt, dort bestimmte Errungenschaften einführt oder Veränderungen in der Topographie vornimmt. Daneben stehen Erzählungen aus dem Südwesten und Südosten des nordamerikanischen Kontinents, die vom Aufstieg eines Stammes aus einer unteren in die heutige Welt berichten. Dabei handelt es sich wahrscheinlich um in Geschichten übersetzte Erinnerungen an das Stammesleben entscheidend verändernde Wanderungen.

Eine zweite Gruppe von Geschichten kreist um die Taten eines sogenannten »Tricksters«, eines Possenreißers und Schelms, bei dem es sich manchmal um einen Menschen, häufiger jedoch um ein Tier mit menschlichen Eigenschaften handelt. Gewöhnlich wird beim Erzählen nicht eindeutig klar, ob die Gestalt im Bewußtsein des Erzählenden als Tier oder Mensch erscheint. Der Trickster hat zwei Gesichter. Mal ist er wohltätig, bringt seinem Volk das Licht, das Feuer oder andere zivilisatorische Errungenschaften. Dann wieder ist er die Verkörperung von Gier, unbeherrscht ausgelebter Lust, Grausamkeit und Dummheit. Eine kurze Geschichte um einen der Trickster, den Coyoten, dessen

Wesen eine »spitzbübische Mischung aus Eros und Pan« darstellt, lautet so:

»Eines Tages, als Coyote über den Snoqualmic-Paß ging, traf er eine junge Frau. Was hast du in deinem Sack? fragte sie. Fischeier. Kriege ich welche? Wenn du die Augen zumachst und dein Kleid hochhebst. Die Frau tat es. Höher! Halte dein Kleid über den Kopf. Dann stieg der Coyote aus seiner Hose und ging auf die Frau zu. Steh still, damit ich an die Stelle rankomme. Ich kann nicht. Irgend etwas krabbelt da zwischen meinen Beinen. Laß das Kleid oben. Es ist eine Hummel. Ich fange sie. Die Frau ließ das Kleid fallen. Du warst nicht schnell genug. Sie hat mich gestochen.«

Eine dritte Gruppe von Geschichten schließlich erzählt von Verwandlungen, Zauber, Reisen in andere Welten, von Monstern und Heiraten mit Tieren. Charakteristisch für sie ist, daß die Helden eindeutig Menschen sind und ihre Charaktere häufig jene Eigentümlichkeiten aufweisen, die Lüthi als für das europäische Volksmärchen bestimmend herausgearbeitet hat. In vielen dieser Märchen spielen auch die Abenteuer von Zwillingen eine Rolle. Der Held sucht freiwillig gefährliche Feinde auf und überwindet sie, er wird von seinem Schwiegervater einer Probe unterworfen, er reist in eine Sternenwelt, die durch ein Himmelsfenster oder über eine Regenbogenbrücke erreicht werden kann.

Meist läßt sich der Sinn dieser Geschichten ohne genaue Kenntnisse der spezifischen religiösen Vorstellungen und Rituale des betreffenden Stammes nur schwer dechiffrieren.

Wie groß die Unterschiede dieser Indianermärchen im Vergleich mit europäischen Märchen tatsächlich sind, wird dort ganz deutlich, wo Indianer europäische Märchenmotive »nacherzählt« haben.

Wenn hier die Geschichten der nordamerikanischen Indianer gewissermaßen modellhaft für die Märchen der Naturvölker und deren Eigenart vorgestellt worden sind, so einmal deshalb, weil von ihnen besonders umfangreiche und sorgfältig kommentierte Sammlungen vorliegen, zum anderen freilich auch, weil für Indianermärchen in Deutschland unter Laien eine Vorliebe besteht, bei der stark sentimentale Züge nicht zu übersehen sind. Ihre Favoritenrolle scheint den Indianermärchen neuerdings von den

Märchen und Mythen der australischen Aborigines streitig gemacht zu werden. Gewissen Ähnlichkeiten in Personal und Struktur der Geschichten gibt es da sicherlich, was aber nicht heißt, daß damit schon von »Mustern« geredet werden könnte, die sich in den Märchen aller Naturvölker wiederholen.

Ein Schlüsselbegriff für Bewußtsein und Weltsicht der Aborigines ist zweifellos das »dreaming« oder die »Traumzeit«. Die aktuellen Bezüge deutet Herbert Boltz an, wenn er in seinem Aufsatz ›Die australischen Aborigenes zwischen geschichtlichem Erbe, Kolonialismus und Rassismus‹ schreibt:

»›Dreaming‹ heißt träumen, und mit diesem Begriff verbinden wir Werte und Einstellungen, die von der Emanzipationsbewegung der 70er Jahre aktualisiert wurden: kurz gesagt eine stärkere Gewichtung des Unbewußten, der Ängste und Gefühle, des ›Bauches‹, als unsere gesellschaftliche Normierung dies zuläßt. Ein Volk, dessen kulturelles und rituelles Leben im ›dreaming‹ kulminiert, löst daher vielfach Identifikationsprozesse aus.«

Zumindest, was die Bedeutung des Begriffs »Traumzeit« angeht, scheinen Mißverständnisse weit verbreitet Hans Peter Duerr definiert »Traumzeit« als: »jene Perspektive der Wahrnehmung, in welcher ein Ereignis ist, was es ist, ohne Beachtung des Zeitpunktes, an dem es sich befindet«.

Und was die Mißverständnisse angeht, schreibt er: »Traumzeit« beziehe sich auf keine graue Vorzeit, in die die Aborigines meinten, zurückgehen zu können, die sich »vergegenwärtigen« ließe, die man »wiederholen« oder »nachahmen« könne, die »andauere«, die parallel zur gewöhnlichen Zeit verlaufe oder auf die sich die gegenwärtige Zeit »projizieren« lasse. Die Traumzeit sei keine vergangene, keine gegenwärtige und keine künftige Zeit: sie habe überhaupt keinen »Ort« im Kontinuum der Zeit.

Er verweist dann auf die Eingangsformel mancher Märchen im englischen Sprachbereich:

»Once upon a time, and a very good time it was, though it wasn't in my time, nor in your time, nor in any else's time ...«

Was sich hier ausdrückt, ist also eine Abstraktion von Zeit, die sich durchaus mit der Abstraktion der Personen im Märchen vergleichen läßt, so daß man sagen kann: Traumzeit ist aufgehobene

Zeit, ist Märchenzeit schlechthin. Das erweist sich dann auch in jenen Zeitsprüngen, die aufgedeckt werden, wenn in keltischen Märchen ein Sterblicher aus der Anderswelt in die irdische Realität zurückkehrt. Die Zeit der Anderswelt ist Traumzeit, die Zeit der Realität Zeit im Sinn von Kontinuum. Und wenn die Wesen der Anderswelt gewöhnlich nicht altern und ein anderes Wort für Anderswelt »Land der ewigen Jugend« ist, so sind das Hinweise auf die Aufhebung des Bedingtseins durch Zeit, die Veränderung der Qualität von Zeit als ein Nicht-Kontinuum.

Der Begriff Folklore

Häufiger Anlaß von Mißverständnissen bei Gesprächen über Märchen und mit ihnen zusammenhängenden Stoffen ist der Begriff »Folklore«. Er taucht zum ersten Mal in einem Brief von William John Thoms (Pseudonym Ambross Merton) auf, den dieser 1846 an die englische Zeitschrift ›The Athenaeum‹ richtete. Es ging ihm darum, klarzumachen, daß es sich bei dem, was man damals in England als »Popular Antiquities« oder »Popular Literature« bezeichnete, eben nicht um Literatur handele. Wörtlich heißt es: »... by-the-by it is more a Lore (Kunde, im Sinn mündlicher Überlieferung) than a Literature, and would be most aptly described by a good Saxon compound, Folk lore, – the Lore of the People (also: Kunde aus dem Volk) ...«

Thoms zählt dann auch auf, was dieser Begriff seiner Meinung nach alles einschließen sollte, nämlich: »some records of old Time (Aufzeichnungen aus alter Zeit) – some recollections of now neglected custom (Erinnerungen an untergegangene Sitten und Gebräuche) – some fading legend (Sagen), local tradition (örtliche Überlieferung) or fragmentary ballad (unvollständige Balladen) ...«

In neuerer Zeit ist der Begriff eher enger gefaßt worden. Beispielsweise von Alan Dundes, der definiert:

»Insbesondere wird Folklore im Zusammenhang mit mündlicher Überlieferung angewandt. Folklore ist das Material, das durch Überlieferung entweder mündlich oder durch Sitte und Praktik weitergegeben wird. Folklore sind unaufgezeichnete Men-

tifakten ... Texte sind lediglich Aufzeichnungen von Mentifakten.
Eine auf Vollständigkeit abzielende Definition versucht Gundula Schneider, die schreibt:

»Folklore schließt verbale Formen ein, wie z. B.: Mythen, Legenden, Märchen, Sprichwörter, Rätsel, Zaubersprüche, Flüche, Eide, Grußformeln, Volkslieder, Gleichnisse, Aberglauben, Gebete, Kinderreime, Hausrezepte, Volksnamen; aber ... *nicht* Spiele, Symbolik, Gestik, Brauchtum, Volksfeste und Volkskunst.«

Kataloge und Indizes

Zur Klärung und Abgrenzung der Gattungsbegriffe gehört es auch zu wissen, daß im Englischen unserem Begriff »Märchen« die »Folk Tale«, genauer »Folk Narrative« oder »Folk Fiction« entspricht, während »Folk Legend« der unserer »Sage« entsprechende Begriff ist.

Unter der Vielzahl von Märchen treten nun deutlich erkennbare Muster auf, die man »Typen« nennt. Sagen haben ihre eigenen Typen und bestehen gewöhnlich aus einem oder mehreren »Motiven«. Ein Typ sollte aus einer Anzahl oder Verbindung von Motiven bestehen, tatsächlich gibt es aber Geschichten, in denen nur ein Motiv vorhanden ist.

Der Aarne-Thompsonsche Typen-Index, der in den meisten Märchenarchiven und in der Fachliteratur verwendet wird, erleichtert nicht nur die Verständigung in Diskussionen über Typen, sondern auch die Arbeitsvorgänge bei Interpretationsversuchen von Märchen. Er wurde zunächst von dem finnischen Märchenforscher Antti Aarne entwickelt und später zweimal von Professor Stith Thompson aus Bloomington, Indiana, einer der Hochburgen der Märchenforschung in den USA, verändert und erweitert.

Der Motiv-Index demgegenüber ist ein gewaltiges Werk, für das Stith Thompson allein verantwortlich zeichnet. Es umfaßt ein viel weiteres Feld als der Typen-Index, der nur Märchen berücksichtigt, während der Motiv-Index auch eine mythologische Abteilung hat und nach ihm auch Sagen und literarische Folklore bestimmt werden können.

Eigentlich sollte die Kette der Motive die vollständige Handlung eines Märchens deutlich werden lassen. Daß es damit im konkreten Fall seine Schwierigkeiten hat, läßt sich erkennen, wenn man ein so bekanntes Märchen wie ›Aschenbrödel‹ (hier in seiner englischen Version ›Cinderella‹) entsprechend auflistet: S 31 = grausame Stiefmutter. F 3 II = Fee als Taufpatin. D 813 = magischer Gegenstand von der Fee geschenkt. D 1050.I = Kleider durch Zauber hergestellt. F 861.4.3 = Kutsche aus Kürbis. D 411.6.1 = Verwandlung einer Maus in ein Pferd. N 711.6 = Prinz sieht Heldin auf Fest und verliebt sich. C 761.3 = Tabu, zu lange auf einem Ball geblieben. H 36.I = Schuhprobe. Identifikation durch passenden Schuh. F 823.2 = gläserner Schuh. L 162 = Heldin niederer Herkunft heiratet Prinz.

Einteilungen für Sagen sind häufig auf nationaler Basis entstanden; das ist verständlich, weil ja die Sage in ihrer Handlung an einen bestimmten Ort und eine bestimmte Zeit gebunden ist. Bestimmte Sagen tauchen aber an verschiedenen Handlungsplätzen auf. Ursache dafür ist allgemein die Ähnlichkeit der menschlichen Wesensart oder menschlicher Handlungsweise oder aber eine Wanderbewegung. Für Norwegen hat Reidar Christiansen eine solche Klassifikation erstellt. Sie trägt den Titel ›Die Wandersagen, eine Vorschlagliste von Typen mit einem systematischen Katalog der norwegischen Varianten‹. Die Liste versteht sich als eine Fortsetzung des Aarne-Thompsonschen Typen-Index. Christiansen teilt die Wandersagen in acht Kategorien: das Schwarze Buch der Magie; die Experten; Sagen von der menschlichen Seele von Geistern und Spuk; Geister der Flüsse, Seen und des Meeres; Trolle und Riesen; die Feen, Hausgeister, Nisse, Haugetusse, Tusse und Gobonden; schließlich örtliche Sagen über Plätze, Ereignisse und Personen.

Die keltische Welt und ihre bardische Tradition

Während auf die Art und Problematik des Märchensammelns und der Aufzeichnung mündlicher Überlieferung durch die Brüder Grimm noch später ausführlich eingegangen werden wird (siehe

Kapitel II), soll zum Abschluß dieses Streifzugs durch die Provinzen von Märchen, Sage, Mythe und folkloristischer Geschichte wenigstens ein kurzer Ausblick auf einen der wichtigsten Traditionsstränge mündlichen Erzählens gegeben werden, dem sich der Verfasser dieses Buches als Sammler, Übersetzer und enthusiastischer Zuhörer besonders verbunden fühlt: auf die Tradition der keltischen Barden und der volkstümlichen Geschichtenerzähler. (Ausdrücklich wird das Wort »Märchen« in diesem Zusammenhang nicht benutzt, weil das Repertoire dieser Erzähler neben Märchen und Sagen sich auch aus anderen Gattungen volkstümlicher Literatur zusammensetzt.)

Irland und Wales waren zwei Länder, in denen seit frühester Zeit berufsmäßige Geschichtenerzähler in besonderem Ansehen standen. Der Grund dafür ist nicht zuletzt darin zu sehen, daß die Kultur der Festlandkelten, trotz einer hohen Differenzierung, so gut wie überhaupt keine schriftliche Überlieferung kannte. Mit den zwischen 600 v. Chr. und 50 n. Chr. einwandernden Stammesgruppen wurde diese Eigenart keltischer Kultur auch auf die britischen Inseln übertragen.

Lady Wilde gibt in ihrer Sammlung ›Alte Sagen aus Irland‹ einen eindrucksvollen Bericht über die große Gelehrsamkeit und die Fertigkeiten der Barden, die in der Schule von Tara ausgebildet wurden:

»Die Barden erachteten es als ihre besondere Pflicht, die Sprache zu höchster Vollkommenheit auszubilden. Die Gesetze keltischer Poesie waren außerordentlich verfeinert, die Versmaße sehr kompliziert. Zehn Jahre hatten sich die Studenten an dem druidischen College damit zu befassen, zu einer Vervollkommnung in ihrer Kunst zu kommen und ihr Gedächtnis zu trainieren, denn bei einem königlichen Fest erwartete man vom Ard-Filè (dem Oberbarden), daß er auf Zuruf jede Geschichte, nach der der König beim Bankett verlangte, aus dem Kopf vortragen konnte.« (Lady Wilde, ›Ancient Legends of Ireland‹, London 1888).

Und an anderer Stelle schreibt sie über die verschiedenen Funktionen der Rangstufen: »Die Brehons saßen auf einem Hügel und intonierten die Gesetze vor dem lauschenden Volk, die senachies sangen die Genealogien der Könige, die Poeten rezitierten die

Taten der Helden ... ein Hauptdichter mußte vierhundert Gedichte auswendig können, ein Barde der unteren Ränge wenigstens zweihundert.« Für diese Dienste erhielten die Barden je nach Ansehen ein Gehalt, hinzu kamen die Geschenke des Königs. Ein König, der sich als knauserig erwies, mußte damit rechnen, in einer beißenden Satire verspottet zu werden. Überliefert ist der Fall eines irischen Königs, der sich über eines dieser Spottgedichte derart ärgerte, daß er Gelbsucht bekam und daran starb. Mit der Zeit wurden die Barden in ihren Ansprüchen so unverschämt, daß sich die Brehons oder »Gesetzesmacher« gezwungen sahen, einschränkende Vorschriften gegen sie zu erlassen.

In Wales war der Einfluß der Barden bis in historische Zeiten immerhin so stark, daß der Sage nach Edward I. sie in einem Massaker erst alle hinrichten lassen mußte, ehe es ihm gelang, Herr über das Land zu werden. Walisische Barden, die im Land umherzogen und Verse und Geschichten improvisieren konnten, gab es zumindest bis ins 17. Jahrhundert. Die letzten Nachfahren dieser Barden waren wandernde »Droll«-Erzähler in Cornwall, bei denen Hunt und Bottrell Märchen sammelten. Der fließende Übergang zwischen Folklore und Literatur läßt sich vor allem in England gut aufzeigen. Die letzten Nachfahren sächsischer »minstrels«, also wandernder Sänger und normannischer Troubadoure, waren Balladensänger, die Balladenblätter und sogenannte chap-books mit sich trugen, die das Repertoire ihrer Geschichten enthielten. Zigeuner trugen Märchen durchs Land. Dies gilt auch für die »Travelling Men«, das wandernde Volk, die Tinker, in Schottland, von denen ein Sammler, der ihr Vertrauen zu erlangen weiß, bis in unsere Tage Märchen, Drolls und folkloristische Geschichten erzählt bekommen kann. Alexander Carmichael, der 1900 mit seinen ›Carmina Gadelica‹ die Frucht einer vierzigjährigen Reise- und Sammeltätigkeit auf den Hebriden veröffentlichte, gibt darin einen eindrucksvollen Bericht über ein Hochland-ceilidh, einen Abend mit Märchenerzählen, Balladensingen und Rätsellösen:

»In so einer Bauerngemeinde gibt es mehrere Geschichtenerzähler, die die orale Literatur ihrer Vorgänger rezitieren. Die

Geschichtenerzähler des Hochlandes sind so unterschiedlich in ihren Stoffen wie erzählende Männer und Frauen irgendwo sonst. Einer erzählt historische Ereignisse einfach und genau, ein anderer ist ein Historiker mit deutlichen Vorurteilen und färbt seine Erzählung mit erlerntem Wissen ein. Einer läßt aus Tatsachen Fiktion werden, vermischt sein Material, bringt den Charme der Neuheit und den Heiligenschein der Romanze mit ein. Wieder ein anderer rezitiert heroische Gedichte und Balladen und stellt die verschiedenen Charaktere mit einer Eindringlichkeit vor unsere Augen, wie es ein Bildhauer nicht besser tun könnte. Dieser kennt die Lieder der großen Dichter mit interessanten Berichten über ihre Autoren, während andere, im allgemeinen Frauen, unheimliche Weisen singen, wunderschöne alte Lieder, einige von ihnen aus dem Artus-Zyklus.«

Hier wird deutlich: Reine, gewissermaßen unverfälschte Märchenstoffe hat es im 19. Jahrhundert zumindest in dieser Region kaum noch gegeben. Diese Märchen- oder Geschichtenerzähler, bei denen die Sammler in der angelsächsischen Welt aufzeichneten, kannten neben tatsächlichen Volksmärchen auch Texte anderer Art, die sie, wenn es ihnen gefiel, wenn es ihrem Temperament entsprach oder sie damit Anklang fanden, munter unter die Märchen und Sagen mischten. Aber hören wir weiter wie ein solches ceilidh in Schottland (für Wales und Irland gilt ähnliches) im Jahr 1861-62 ablief:

»Das Haus des Geschichtenerzählers ist schon überfüllt, und es fällt schwer hineinzukommen, fort aus dem kalten Wind und Hagel. Aber mit der Höflichkeit, die diesen Leuten eigen ist, wird der Fremde vorwärts geschoben und ihm ein Platz neben dem Hausherrn freigemacht. Das Haus ist geräumig und sauber, gemütlich, mit einem hellen Torffeuer in der Mitte des Flures. Viele sind da – Männer und Frauen, Jungen und Mädchen. Alle Frauen sitzen und die meisten der älteren Männer auch. Die Mädchen kauern dem Vater, dem Bruder oder dem Freund zwischen den Beinen, die Jungen haben sich in alle Ecken und Balken verkrochen. Sie können klettern. Der Hausherr dreht Schnüre um Bündel mit Heidekraut, um so Dachbelag herzustellen, ein Nachbar dreht aus Wurzeln Schnüre für die Kühe zum Anbinden, und ein anderer flicht einen Eßkorb. Die Hausfrau spinnt, eine Tochter kardiert die Wolle, eine weitere Tochter neckt sich, die dritte Tochter gibt vor zu arbeiten, flüstert aber im Hintergrund leise mit dem Nachbarssohn. Die Nachbarsfrauen und Nachbarstöchter stricken, nähen oder sticken. Die Unterhaltung ist allgemein.« Der Fremde bittet den Herrn des Hauses, eine Geschichte zu erzählen, nach einer Pause beginnt der Mann.

»Die Geschichte ist ereignisreich und pathetisch. Sie wird einfach erzählt, anschaulich, zeitweilig dramatisch – die Aufmerksamkeit aller ist ungeteilt. Bei pathetischen Szenen und traurigen Vorgängen heben sich die Busen der Frauen stärker, und hin und wieder fällt auch mal eine Träne. Ehrlichkeit überwindet Verschlagenheit, Geschicklichkeit Stärke, Tapferkeit wird belohnt. Ab und an schrecken die Zuhörer zusammen, wenn nämlich Hitze und Müdigkeit einen der Jungen einschlafen läßt und er von oben zwischen die Leute herabfällt, verprügelt und dann heimgeschickt wird. Wenn die Geschichte zu Ende ist, wird sie besprochen und kommentiert, und die verschiedenen Charaktere werden gelobt oder gescholten, je nach ihrem Verdienst und der Meinung der Zuhörer.«

Als Carmichael Mitte des 19. Jahrhunderts sammelte, fiel es ihm nicht schwer, eine Vielzahl von Geschichten aufzuschreiben: alle erzählt, wie er schreibt, von ungebildeten Erzählern »in einer wunderschönen, glatten traditionellen Sprache«. (Gern wüßte man, was hier unter »glatt« verstanden wird!)

Kurz darauf änderte sich in Schottland (und ähnliches gilt für Wales) die Situation grundlegend. Ein Großteil der Bevölkerung trat zu einer militanten Form des Puritanismus über; Lehrer und Pfarrer polemisierten gegen die gälische Sprache und das »abergläubische Zeug«, die Märchen. Lediglich in Irland, wo das Geschichten- und Märchenerzählen unter den Strohdächern der Bauern und Fischer ein Akt der Bestätigung nationaler Identität und eine Protestgeste gegen die Überfremdung und Unterdrückung des Landes durch England war, blieb die folkloristische Tradition lebendig.

Lady Gregory beschreibt, wie selbst sie, eine anglo-irische Großgrundbesitzerin mit künstlerischen Ambitionen, in der

Umgebung von Galway von dieser Folklorebegeisterung erfaßt und dazu gedrängt wurde, Märchen zu sammeln:

»Dr. Douglas Hyde, An Craoibhin, hatte die Gälische Liga gegründet, und durch sie kamen Leute vom Land zusammen in irischsprechenden Orten und sagten Lieder und Gedichte her, alte und neue, die sich ihnen im Gedächtnis erhalten hatten. Diese Entdeckung, dieses Aufschließen des Volkswissens, der Volkspoesie der alten Tradition, war der unscheinbare Anfang einer gewichtigten Veränderung. Ein Umsturz der Werte fand statt, eine aufregende Sache. Die Imagination Irlands hatte ein neues Heim gefunden. Meine eigene Imagination wurde angeregt. Ich begann, mir einer Welt bewußt zu werden, die dicht um mich lag, die ich bisher nicht beachtet hatte. Von jetzt ab schaute ich, um mein poetisches Bedürfnis zu befriedigen, nicht mehr in die Feuilletons der Zeitungen ... Phantastisches drang zu mir aus dem Mund der Bauern und Landarbeiter, der alten Männer aus dem Arbeitshaus, der Bettler, die an meine Tür kamen.«

In einem gälisierten Englisch erzählte Lady Gregory gemäß den mündlichen Berichten der Landbevölkerung die Mythen und Heldensagen nach, die auch durch die mittelalterlichen Manuskripte bekannt waren. Es sind dies: ›Cuchulain of Muirthmne: Die Geschichte der Männer vom Roten Zweig von Ulster‹ (1902), ›Götter und Kämpfer: Die Geschichte der Tuatha de Danaan und der Fianna von Irland‹ (1904) und schließlich ›Das Kiltartan Geschichtsbuch‹ (1909), eine Art Volksgeschichte, in der der mythische Held Finn zu einem schlauen Clown geworden ist, der göttliche Schmied, Goban Saor, nun als der Erbauer der anglo-normannischen Burgen figuriert, der Politiker und Patriot, Daniel O'Connell sechzig Jahre nach seinem Tod als legendärer Champion und Schlaumeier vorgestellt wird, während Oliver Cromwell nach zweieinhalb Jahrhunderten das geblieben ist, wofür ihn die meisten Iren immer gehalten haben, nämlich die Verkörperung des Teufels.

Konventioneller ist das ›Kiltartan Wunder Buch‹ aus dem Jahr 1910, in dem 16 Zaubermärchen versammelt sind, die Lady Gregory gewissermaßen vor ihrer Haustür hörte. Sie gesteht freimütig ein, in den Texten Passagen gegeneinander ausgetauscht zu haben, wenn das Arrangement ihr so besser gefiel.

Entschiedener Höhepunkt der Sammel- und Editionstätigkeit dieser Frau aber sind die zwei Bände ›Visionen und Aberglaube des Westens von Irland‹ (1920), zu denen William Butler Yeats zwei längere Aufsätze beisteuerte. Der bekannte irische Märchenforscher Sean O'Sullivan urteilt über dieses Buch:

»Es handelt von einer persönlichen Form von Überlieferung, genannt ›Memorat‹, die gerade erst die Aufmerksamkeit von Sammlern zu erwecken beginnt. Während die Themen keineswegs neu sind es geht hier um die Sidhe oder Feen – ist die Art der Darstellung ungewöhnlich, nämlich kurz und präzis. Lady Gregory druckt die wörtlichen Äußerungen der Leute, die sie entweder mit ihrem Namen oder ihrem Beruf vorstellt, über die verschiedenen Aspekte des Feenglaubens. (Ungenannt bleiben Tote, deren Verwandte noch am Leben sind.) Die autobiographischen Darstellungen nehmen beträchtlichen Platz ein und stehen neben Berichten über unheimliche Erlebnisse oder bestimmte magische Praktiken ... da gibt es ein Kapitel mit der Überschrift ›Verschwunden‹, in dem von Nachbarn gehandelt wird, die ins Feenland geholt wurden; der Abschnitt ›Forth und Sheogue-Plätze‹ versammelt Berichte über Landmarken und Stellen, an denen ›das kleine Volk‹ wohnt, aber auch von Wegen zu solchen Orten hin, die die Feen benutzen und ein Sterblicher deshalb besser meidet; in dem Kapitel ›Die Kämpfe der Freunde‹ ist nur von wilden Auseinandersetzungen zwischen den Verwandten und Bekannten eines Verstorbenen und den Unsichtbaren um die Seele des Toten die Rede.«

Lady Gregory und William Butler Yeats machten bei ihrer Sammeltätigkeit die Erfahrung, daß die gälische Anderswelt über den Ozean, bis nach Amerika reicht. Sie stießen auf eine Geschichte über einen Kutterkapitän aus Galway.

Eines Tages, als der Betreffende in seinem Boot Kabeltrossen im Wert von drei Pfund, die er in seinem Heimatort gekauft hat, zu den Aran-Inseln hinübertransportieren will, gerät er in einen schweren Sturm. Eine Welle reißt ihn über Bord ... und spült ihn bis nach Amerika. Dort begegnet nach geraumer Zeit ein Landsmann dem als ertrunken geltenden Schiffer. Dieser drückt ihm drei Guineen in die Hand und bittet ihn, bei einem beabsichtigten

Besuch in Galway damit seine Schulden in jener Eisenwarenhandlung zu bezahlen, in der er die Kabeltrossen geholt hatte. Über die äußerst fruchtbare Begegnung zwischen Folklore und Hochliteratur, die sich Ende des 19., Anfang des 20. Jahrhunderts in Irland im Zeichen der »Celtic Revival«, der Wiedergeburt keltischen Bewußtseins abspielte, ließe sich noch vieles berichten.

Hierzulande leider weitgehend noch unbekannt, da nicht übersetzt, ist John Millington Synges Buch ›In Wicklow, West Kerry und Connemara‹ mit märchenhaften Geschichten über Tinker, die hexen können, eine sieben Fuß hohe Pflanze, die jede Krankheit zu heilen vermag, über Geizkragen, die ihr Geld im Haar versteckt mit ins Grab nehmen, von einer Seejungfrau, die einen Sterblichen namens Shee heiratet, von Feen, die Kinder entführen.

Auf den Aran-Islands, die Synge 1898 auf Yeats Rat hin besuchte und über die er 1906 ein folkloristisch durchtränktes Reisebuch schrieb, traf er einen shanachie (Märchenerzähler), der schon dem bekannten amerikanischen Sammler Jeremiah Curtin erzählt hatte. Vor Synge gab er unter anderem ein Märchen zum besten, in dem ein Vertrag über ein Pfund Fleisch geschlossen wird – das Motiv, das auch in Shakespeares ›Kaufmann von Venedig‹ vorkommt und von dem Synge bemerkt, daß es von Persien über Ägypten bis in die ›Gesta Romanorum‹ und das ›Pecorone‹ des florentinischen Notras, Ser Giovanni, gewandert sein müsse. Der älteste Geschichtenerzähler, den Synge auf den Inseln traf, erzählte außer Volksmärchen auch realistische Geschichten. Eine von ihnen gab dem Autor die Anregung zu seinem bekanntesten Theaterstück, dem ›Playboy of The Western World‹ (deutscher Titel: ›Ein wahrer Held‹, übersetzt von Heinrich Böll und Peter Hacks).

Damit ist die Geschichte des Märchenerzählens und Märchensammelns in Irland aber eben auch nur gestreift und keineswegs erschöpfend dargestellt. Märchenerzählen und Märchensammeln wurden im Zeichen des Strebens nach Unabhängigkeit zu Aktivitäten nationaler Identitätssuche.

Als Douglas Hyde, ein Volkskundler, 1925 Präsident des Freistaates wurde, verschaffte er der »Irish Folklore Commission« eine staatliche Beihilfe von 100 Pfund, die es ihr ermöglichte, in jedem County einen hauptamtlichen Sammler einzusetzen. Die Frau von

Eamon de Valera, Freiheitsheld und später selbst Präsident der Republik, war Märchenerzählerin und Märchensammlerin. Vielleicht noch entscheidender aber war der lebendige Zusammenhang zwischen Erzählern im Volk, Enthusiasten und Wissenschaftlern. Bezeichnend ist hier die Karriere eines Mannes wie Sean O'Sullivan, der ursprünglich Volksschullehrer in Waterford im County Kerry war und sich dort um die Sammlung des Repertoires zweier oraler Dichter bemühte. Er gab in Lokalblättern eine Anzeige auf, mit der er Leute, die Varianten von Gedichten dieser Autoren auswendig kannten, bat, sich bei ihm zu melden. Diese Anzeige sah James Delargy, in den zwanziger Jahren Assistent von Douglas Hyde an der National University in Dublin und Sammler in den damals noch gälisch-sprachigen Landstrichen des Westens von Irland. 1927 war Delargy Herausgeber von ›Beabideas‹, des Journals der Folklore of Ireland Society, und später dann Professor geworden. Nun spürte er diesen Dorfschullehrer aus Waterford auf, der seinerseits schließlich nicht nur zum Archivar der Irish Folklore Commission avancierte, sondern mit ›A Handbook of Irish Folklore‹ (1942) eines der wichtigsten Handbücher im Bereich der iro-angelsächsischen Folkloreforschung verfaßte. Mehr noch, 1963 veröffentlichte er zusammen mit Reidar Christiansen einen Index der internationalen Märchenstoffe in den Archiven der Kommission: ›The Types of Irish Folktale‹. 43 000 Volksmärchen aus Irland, die die Kommission bis in das Jahr 1956 über das dicht gespannte Sammlernetz der Insel erhalten hatte, wurden gemäß dem internationalen System identifiziert und so im Grunde erst für die vergleichende Märchenforschung zugänglig gemacht.

Auf welch einfallsreiche Art auf breitestem Raum Märchen in Irland gesammelt wurden, läßt sich auch an folgendem Beispiel klarmachen:

»Mit Genehmigung und in Kooperation mit dem Kultusministerium in Dublin und der nationalen Organisation irischer Lehrer bediente sich die Kommission der Mitarbeit aller Schüler in den Abgangsklassen der Grundschulen in 26 irischen Counties. Ein kleines Buch, das einige fünfzig folkloristische Themen enthielt, wurde vom Kultusministerium an alle Primarschulen verschickt. Die Kinder wurden aufgefordert, traditionelles Material bei ihren Eltern und Nachbarn außerhalb der Schulstunden zu diesem Themenkatalog zu sammeln. In der Schule wurde es dann als Aufsatz niedergeschrieben. Diese Aktion lief ab zwischen Juli 1937 und Dezember 1938. Am Ende dieses Zeitraums wurden 5000 Hefte in Standardgröße, die das Kultusministerium den Schulen zur Verfügung gestellt hatte, an die Kommission zurückgesandt. Die gesamte »Schulsammlung« umfaßte ungefähr eine halbe Million Seiten; obwohl es, wie nicht anders zu erwarten, gewisse Ausfälle gegeben hatte, war doch fast jeder Schuldistrikt in 26 Counties repräsentiert, und man gewann so eine gute Vorstellung von dem noch vorhandenen oralen Material. Diese Sammlung ist in 1126 Bänden, getrennt von jener Hauptmanuskriptsammlung, die durch vollzeitlich beschäftigte oder teilzeitlich arbeitende Sammler zusammengetragen worden ist, archiviert worden. Ermutigt durch das Interesse, das viele Volksschullehrer bei dieser Arbeit gezeigt hatten, warb die Kommission ungefähr 600 von ihnen als lokale Korrespondenten an, und diese wurden zu einer unschätzbaren Hilfe, indem sie auf Hunderte von Fragebogen antworteten, die die Kommission ihnen in den folgenden fünfundzwanzig Jahren zugehen ließ.« (›Folktales in Ireland‹, London 1966)

Ein so umfassender und lebendiger Kontakt zwischen mit wissenschaftlichem Anspruch Sammelnden und vor allem aus Freude am Erzählen und an der Phantasie mit Märchen umgehenden Laien dürfte einmalig auf der ganzen Welt sein, noch dazu im 20. Jahrhundert, womit auch zugleich begründet ist, warum der Darstellung dieser freilich regionalen Aktivität hier so breiter Raum in diesem Kapitel gegeben wurde.

II.
Methoden der Märchenanalyse

Stichworte

PHAIDROS *Sage mir, Sokrates, soll nicht hier irgendwo am Ilissos Boreas die Oreithyia geraubt haben?*

SOKRATES *So soll er.*

PHAIDROS *Etwa eben hier? Angenehm wenigstens, rein und durchsichtig ist hier das Wässerchen, recht gemacht für Mägdlein, daran zu spielen.*

SOKRATES *Nein, sondern unterhalb etwa um zwei bis drei Stadien, wo man durchgeht nach dem Tempel der Artemis. Auch ist dort irgendwo ein Altar des Boreas.*

PHAIDROS *Ich wußte es nicht recht. Aber sage, um Zeus' willen, Sokrates, glaubst auch du, daß diese Geschichte wahr ist?*

SOKRATES *Wenn ich es nun nicht glaubte, wie die Klugen, so wäre ich eben nicht ratlos. Ich würde dann weiter klügelnd sagen, der Wind Boreas habe sie, als sie mit der Pharmakeia spielte, von den Felsen dort in der Nähe herabgeworfen, und dieser Todesart wegen habe man gesagt, sie sei durch den Gott Boreas geraubt worden. Ich aber, O Phaidros, finde dergleichen im übrigen ganz artig, nur daß ein gar kunstreicher und arbeitsamer Mann dazu gehört, der eben nicht zu beneiden ist, nicht etwa wegen sonst einer Ursache, sondern weil er dann notwendig auch die Kentauren ins Gerede bringen muß und hernach die Chimaira, und dann strömt ihm herzu ein ganzes Volk von dergleichen Gorgonen, Pegasen und andern unendlich vielen und unbegreiflich wunderbaren Wesen, und wer die ungläubig einzeln auf etwas Wahrscheinliches bringen will, der wird mit einer wahrlich unzierlichen Weisheit viel Zeit verderben. Ich aber habe dazu ganz und gar keine Muße; und die Ursache hiervon, mein Lieber, ist diese: ich kann noch immer nicht nach dem delphischen Spruch mich selbst erkennen. Lächerlich also kommt es mir vor, solange ich hierin noch unwissend bin, an andere Dinge zu denken.«*

Platon

»*Märchen sind wie Mythen weder der Ausdruck romantisch unterstellter ›Volksseelen‹, noch sind sie der bloße Abklatsch unerklärlicher Naturerscheinungen. Sie sind auch nicht ›Ur-Ideen‹ der Menschheit wie ›Liebe‹ und ›Tod‹, und sie machen zu ihrer Deutung weder das Hantieren mit ungreifbaren seelischen ›Archetypen‹ noch mit ins Bild gesetzten neurotischen ›Komplexen‹ nötig. Sie sind, wie die Mythen, Abbilder der komplexen Praxis archauscher Gesellschaften, und so wie wir sie betrachten, in erster Linie matriarchaler Gesellschaften. Deshalb sehe ich die kulturhistorische Deutung der Märchen als die einzige an, die eine wissenschaftliche Grundlage hat, und damit als die einzige, die uns bleibende Erkenntnisse bringen kann.«*

Heide Göttner-Abenroth

»*Das Märchen ist wieder einmal ins Räderwerk einer ›Aufklärung‹ gekommen. Einst befreiten es die Brüder Grimm ebenso vom Makel des ›Ammengeschwätzes‹ wie vom Talmiglanz schlüpfriger oder witziger Salonliteratur. Jetzt werden auch ihre Fassungen ›kritisch hinterfragt‹.«*

Ottilie Dinges

»*In diesem Jahrhundert wenigstens kennen viele Leute Märchen nur noch in arg verstümmelten und modernisierten Fassungen, es sind nicht länger die wirklichen Märchen, die sie kennen.«*

Roger Sale, Märchen und danach

»*Unsere ›Grimms Märchen‹ wurden von Großmüttern – so behaupteten die ersten Märchenforscher – ihren Enkelkindern erzählt. Dies ist sicher nicht die ursprüngliche Situation, in der Märchen entstanden. Von außereuropäischen Völkern wissen wir, daß Märchen fast nur für Erwachsene erzählt werden. Oft ist es sogar Frauen verboten, zuzuhören. Märchen befassen sich*

also mit der Welt, die von Männern, die in den meisten Gesell-
schaften ja dominieren, ernstgenommen wird. Wenn wir versu-
chen, unsere Märchen unter diesem Aspekt zu sehen, dann müß-
ten sie ebenfalls in Gesellschaften entstanden sein, in denen sie
für Erwachsene erzählt wurden. In jüngster Zeit sind von mir
Untersuchungen vorgenommen worden, diese Gesellschaften
wiederzufinden ...«

August Nitschke

»Entdecken wir also die Märchen wieder neu. Nicht so, daß wir
mit naturwissenschaftlicher Akribie das Wurzelwerk dieser Über-
lieferung analysieren. Wer Wurzeln ausgräbt, bringt sie zum
Absterben ...«

Otto Betz

»Für diese Schichten – abhängige Bauern, Knechte, Tagelöhner,
Bettler –, die in ihrer Arbeit vereinzelt geographisch weitverstreut
und nicht wie die Handwerkergesellen in den Städten an einen
Platz konzentriert waren, gab es keine Perspektive des Wider-
standes gegen die sich verschärfende Ausbeutung und keine Aus-
sicht auf eine Veränderung ihrer gesellschaftlichen Lage. Nur als
Märchen war ein besseres Leben utopisch träumbar ...«

Johannes Merkel

»Ich behaupte, daß ein Märchen erzählt wird, weil in den Zuhö-
rern angestaute Familienkonflikte es so fordern ... Märchen sind
Psychodramen von Familienkonflikten, die durchgearbeitet wer-
den wollen.«

Walter Scherf

»Ein unzweifelhaftes Bild des Mondes haben wir in der Frau
Holle vor uns. Sie gilt als die Spinnerin, und ihr Urbild ist daher
der bald volle, der bald abgesponnene Spinnrocken ...«

Hans Mohr

»Vom Bild und Weg des Menschen erzählt das Märchen; das Tun
ist dann die Sache des Hörers und Lesers. Ihm wurde das Men-

schenbild dargestellt, zum schrittweisen Nachvollzug vor ihm ausgebreitet.«

Ortrud Stumpfe

»Während es in den exakten Wissenschaften (Physik, Mathematik) eine strenge Klassifizierung, eine von speziellen Kongressen bestätigte einheitliche Terminologie und eine sich ständig weiter entwickelnde Methodik gibt, fehlen alle diese Voraussetzungen auf dem Gebiet der Märchenforschung. Die bunte Vielfalt und der ausgesprochene Formenreichtum des Märchenmaterials machen eine exakte Lösung der Probleme sehr schwierig ...«

Wladimir Propp

»Deswegen wollen wir unsere Interpretation nie mit dem Unterton des ›so ist es‹ geben. Das wäre betrügerisch ...«

Marie-Louise von Franz

»Noch erstaunlicher allerdings als die vielfältigen, sich ergänzenden oder (scheinbar) widersprechenden Deutungen ist jedoch das Faktum, daß der methodologische Aspekt in der Diskussion, also etwa die Frage nach dem erkenntnisleitenden Interesse des jeweils Fragenden, nach der Standortgebundenheit und der Reichweite der Antworten und nach der Thematisierung dieser wechselnden Vorgaben, so gut wie ganz ausgeklammert blieb ..«

Gerhard Haas

»Ein Lied der menschlichen Stimme erhält sich länger als das Lied der Vögel; Worte überdauern allen Reichtum und allen Glanz dieser Erde.«

Spruch der irischen Märchenerzähler

Geschichtlicher Exkurs

Während im ersten Kapitel vor allem versucht worden ist, Definitionen vorzuführen und Aussagen über das Märchen und die ihm verwandten Formen zu versammeln, um so den interessierten Laien mit dem für eine produktive Diskussion über Märchen notwendigen Vokabular vertraut zu machen, geht es nun darum, die wichtigsten Methoden der Märchenanalyse und -interpretation darzustellen.

Kunde über Märchen und von einer nach ihrem Gehalt, ihrer Eigenart, ihrem Wert oder Unwert und ihrem Ursprung fragenden Haltung haben wir schon aus sehr früher Zeit. Aus den Schriften Platos beispielsweise können wir entnehmen, daß schon damals symbolträchtige Geschichten – mythoi – erzählt wurden. Bezeichnend ist aber auch die diesem Kapitel vorangestellte Szene aus »Phaidros«, die Robert Ranke-Graves so kommentiert:
»Die Mythen (und Märchen) ängstigten oder beleidigten ihn (Sokrates); lieber leugnete er sie und unterwarf sich der Disziplin wissenschaftlichen Denkens: um den Grund des Seins aller Dinge zu untersuchen eines jeden, wie es ist, nicht wie es erscheint und um alle Meinungen zu verwerfen, für die keine Erklärung gegeben werden kann.«

Im zweiten nachchristlichen Jahrhundert baute Apuleius in seinen Roman ›Der Goldene Esel‹ mit ›Amor und Psyche‹ ein Märchen ein, das eindeutig dem Typ von ›Die Schöne und das Untier‹ entspricht, wie es fast zweitausend Jahre später immer noch in Ländern des europäischen Kulturkreises fast unverändert erzählt werden wird.

Bis ins 17. und 18. Jahrhundert wurden Märchen »im Volk«, also in der Unterschicht und für isolierte und von der modernen Zivilisation wenig berührte Gegenden trifft das selbst noch heute zu – für Erwachsene und Kinder erzählt, vor allem als Form der Abendunterhaltung während des Winters. Offenbar vorwiegend in Gebieten mit landwirtschaftlicher Produktion war Märchenerzählen eine wesentliche, neben der Unterhaltung auch der geistigen Anregung dienende Beschäftigung, vielfach die einzige Anregung für Erzähler und Zuhörer überhaupt.

Im 18.Jahrhundert begann dann durch Winckelmann, Johann Georg Hamann und Johann Gottfried Herder eine erste wissenschaftliche Auseinandersetzung mit dem Märchen. Herder beispielsweise erklärte Märchen für Überreste eines alten untergegangenen Glaubens, ausgedrückt in Symbolen. Die Vorstellung, daß im Märchen und in der Sage gewisse Seinserkenntnisse eingeschlossen seien, die durch das Christentum verketzert und tabuisiert wurden, spielt seither als Gesichtspunkt bei der Einschätzung der Bedeutung von Märchen und bei ihrer Analyse eine wichtige Rolle.

Über die Sammeltätigkeit der Brüder Jacob (1785-1863) und Wilhelm Grimm (1786-1859) und ihre Einstellung zum Märchen herrschen in Deutschland durch die Popularität der schon zu ihren Lebzeiten zahlreiche Auflagen erreichenden ›Kinder- und Hausmärchen‹ häufig falsche Vorstellungen.

Zunächst einmal muß, wie Heinz Rölleke schreibt, »die Idealvorstellung korrigiert werden, die Grimms seien sozusagen märchensammelnd über Land gezogen und hätten in erster Linie alte hessische Bäuerinnen oder Kriegsveteranen abgehört. Tatsache ist, daß die jungen Grimms (die sich etwa seit dem Jahr 1806 für Märchen zu interessieren begonnen hatten) in Kassel durch eine gewisse Schüchternheit auffielen und daß die Märchenerzähler allenfalls zu ihnen kamen.«

Von Charles Perrault, der schon lange Zeit vor den Grimms 1696-97 mit den ›Histoires ou Contes du Temps Passé‹ in Frankreich eines der wichtigsten und einflußreichsten Märchenbücher in Europa herausgegeben hatte, wissen wir, daß er sich recht gut mit der zu seiner Zeit an den Haustüren feilgebotenen Kolportageliteratur seiner Zeit auskannte. Der Erzählstil in dieser Sammlung läßt keinen Zweifel darüber zu, daß es Perrault keineswegs darum ging, die Märchen so wiederzugeben, wie sie zu seiner Zeit im Volk mündlich kursierten, sondern daß er sie, ausgehend von mündlichen Fassungen und Druckerzeugnissen der Volksliteratur, gründlich bearbeitete.

Entscheidend ist, sich zu vergegenwärtigen, daß solche die gedruckte Form des Märchens entscheidend mitprägende Editoren wie Perrault und die Grimms nie über längere Zeit hin die

Erfahrung dessen gemacht haben, was man später in der Volkskunde mit dem Begriff »Erzählgemeinschaft« zu bezeichnen pflegte: das Zusammentreffen von Menschen aus dem Bauerntum oder dem Handwerkerstand, die sich mit dem Erzählen und dem Zuhören beim Erzählen von Märchen und anderen volkstümlichen Geschichten unterhielten; Menschen, für die dies die wichtigste Form von Freizeitbeschäftigung und Unterhaltung überhaupt darstellte.

Und selbst unterstellt, daß die Grimms gelegentlich in solche »Erzählrunden des Volkes« gekommen wären, muß da eine standesmäßige Kluft bestanden haben. Sie waren Bibliothekare und Gelehrte.

Andererseits wissen wir, daß es solche Situationen mündlichen Erzählens, in denen ein enger, lebendiger und ungezwungener Kontakt zwischen Zuhörern und den Erzählenden bestand, in gewissen Gegenden Europas bis in unser Jahrhundert hinein gegeben hat. So berichtet die ungarische Märchenforscherin Linda Dégh aus der Zeit vor dem zweiten Weltkrieg:

»Vor dem Krieg zogen die meisten Menschen auf die rumänischen Güter, um dort den größten Teil des Jahres über zu arbeiten. Nach Feierabend, an den Feuern vor den Hütten, kam die große Zeit der Erzähler. Jeder hatte sein besonderes Repertoire, jeder hatte seine besondere Erzählweise. Die Zuhörer suchten sich aus, was oder wen sie hören wollten. Die Kinder waren ausgeschlossen, aber sie stahlen sich doch immer wieder in den Zuhörerkreis. Die ganz großen Erzähler brachten es fertig, sich mit einer einzigen Erzählung die ganze Nacht um die Ohren zu schlagen.«

Walter Scherf, der auf diese Darstellung hinweist, fügt kommentierend hinzu: »Wohlgemerkt: mit der Erzählung eines einzigen Märchens. Ein Grimmsches Märchen ist in etwa zehn Minuten oder einer Viertelstunde vorgetragen.«

Hervorzuheben, daß den Grimms das Erlebnis einer »elementaren Primärtradition« abging, heißt nicht, ihre Leistung schmälern zu wollen. Ohne sie wäre wahrscheinlich vieles »vom Erzählgut der bäuerlichen und handwerklich arbeitenden Bevölkerungsklassen weiterhin verlorengegangen«. Ohnehin bekamen sie von Zeit- und Standesgenossen zu hören, sie interessierten sich für »Ammenmärchen« und neigten zu einer »Andacht des Unbedeutenden«.

Es gilt lediglich gleich hier darauf hinzuweisen, daß wir bei den ›Kinder- und Hausmärchen‹ nicht die wörtliche Mitschrift oraler Erzählungen vor uns haben, sondern Texte, in die auch die individuellen Vorstellungen vom Märchen und die Absicht, mit Märchen etwas zu bewirken, mit eingeflossen sind.

Fragen wir also von daher klipp und klar zunächst einmal danach, wie diese Vorstellungen und Absichten nach den eigenen Worten der Grimms aussahen?

Im Vorwort der Ausgabe von 1819 ist einmal davon die Rede, durch diese Sammlung »der Geschichte der Poesie und Mythologie einen Dienst erweisen (zu) wollen«, zum anderen, damit ein »Erziehungsbuch« zu schaffen, »ein gesundes und kräftiges Buch, welches das Volk erbaut …« Wilhelm Grimm schreibt an anderer Stelle: »Gemeinsam allen Märchen sind die Überreste eines in die älteste Zeit hinaufreichenden Glaubens, der sich in bildlicher Auffassung übersinnlicher Dinge ausspricht. Das Mythische gleicht kleinen Stückchen eines zersprungenen Edelsteins, die auf dem von Gras und Blumen überwachsenen Boden zerstreut liegen und nur von dem schärfer blickenden Auge entdeckt werden. Die Bedeutung davon ist längst verloren, aber sie wird noch empfunden und gibt dem Märchen seinen Gehalt, während es zugleich die natürliche Lust an dem Wunderbaren befriedigt; niemals sind sie bloßes Farbenspiel gehaltloser Phantasie.«

Zweierlei verdient von daher noch einmal hervorgehoben zu werden: 1. Märchen wurden als Teile eines größeren, zusammenhängenden Mythos verstanden. 2. In dem hinter diesem Mythos stehenden Glauben steckte ein Wert, der reaktiviert werden sollte. Jakob Grimm an Achim von Arnim: »Die alten Menschen sind größer, reiner und heiliger gewesen als wir, es hat in ihnen und über sie noch der Schein des göttlichen Ausgangs geleuchtet.«

Wichtig schließlich für die Interessenlage bei den Grimms, für ihre Hinwendung zur germanischen Frühzeit, aber auch zum Mittelalter ist der Kampf des deutschen Bürgertums um die nationale Einheit. Kennzeichnend dafür ist ein Brief von Karl Marx an

Friedrich Engels, in dem es heißt: »Die erste Reaktion gegen die Französische Revolution und das damit verbundene Aufklärertum war natürlich, alles mittelalterlich romantisch zu sehen, und selbst Leute wie Grimm sind nicht frei davon ...«

Parallel zu der Tätigkeit der Brüder Grimm entstand in Deutschland die sogenannte symbolische Schule, als deren wichtigste Vertreter Chr. C. Heyne, F. Creuzer und J. Görres gelten können. Auf einen vereinfachenden Nenner gebracht, waren für sie Mythen der symbolische Ausdruck philosophischer Gedanken, »mystische Belehrungen zu den tiefsten Wahrheiten über Gott und die Welt«.

Es ist naheliegend, daß nach dem Erscheinen der großen europäischen Märchensammlungen zur Zeit der Romantik, die auch sehr rasch in die jeweils anderen Sprachen übersetzt wurden – die Grimms legten beispielsweise von Crofton Crokers ›Fairy legends and traditions of the South of Ireland‹, die 1825 in London erschienen, unter dem Titel ›irische Elfenmärchen‹ schon 1826 eine Übersetzung und Bearbeitung vor –, sich die Frage nach dem Ursprung der Märchen und nach dem Verlauf einer möglichen Wanderbewegung stellte.

Zunächst versuchte Theodor Benfey in ›Kleinere Schriften zur Märchenforschung‹ (Berlin 1894) nachzuweisen, daß alle Märchenmotive aus Indien herrührten und von dort aus nach Europa weitergewandert seien. Dagegen nahmen Alfred H. Winkler und E. Stucken ein Ursprungszentrum in Babylon und eine Ausbreitung durch Kleinasien nach Europa an. Die Frage: »Woher kommen unsere Märchen?« verbindet sich dann vor allem mit der sogenannten finnischen folkloristischen Arbeitsmethode, wie sie in der zweiten Hälfte des 19. Jahrhunderts von Julius Krohn (1835 – 1888) und dessen Sohn Kaarle Krohn (1863 – 1933) entwickelt wurde.

Julius Krohn ging dabei von einer Analyse jener Lieder aus, die das finnische Volksepos ›Kalevala‹ zusammenfaßt, und spürte deren Verbreitungsgebieten nach. Diese Methode übertrug dann Kaarle Krohn auf seine Nachforschungen über Märchen. Die grundlegende Annahme ist dabei, daß jedes Märchen seine eigene Geschichte hat und unabhängig erforscht werden muß. Allgemeine Schlußfolgerungen über Ursprung und Wanderbewegung aller oder großer Gruppen von Märchen sind erst möglich, wenn hinreichend viele Monographien über einzelne Typen vorliegen. Für das einzelne Märchen gilt es einmal, dessen ursprüngliche Form wenigstens annähernd zu rekonstruieren, den Ort und das Datum des Ursprungs möglichst genau einzukreisen und dann die Abwandlungen, denen es bei der Wanderung unterworfen worden ist, möglichst genau zu beschreiben. Um diese Methode anzuwenden, ist das Vorhandensein möglichst vieler Versionen notwendig. Die oralen Versionen werden dann geographisch, die gedruckten historisch geordnet und zu einer Sequenz zusammengefügt. Man arbeitet schließlich jene Details heraus, die sich bei den verschiedenen Versionen ändern, und gelangt über die vorherrschenden Kennzeichen zur Originalversion oder zur Annäherung an sie. Meist bleibt das Ergebnis nicht eindeutig. Durch genaue Betrachtung der von der dominierenden Version abweichenden Details versucht man regionale Subtypen (Mittelmeerraum, baltisch, skandinavisch etc.) zu erschließen. Die Subtypen und Archetypen sind hypothetische Konstruktionen, die die Verbreitung der verschiedenen Versionen in einem Gebiet erklären sollen.

Die Methode wurde kritisiert, weil sie den literarischen Aspekt der Märchen und die aktive Rolle des Weiterträgers zu wenig beachtet.

Eine ganze Gruppe von Erklärungsansätzen von Märchen, wie die von Max Müller (Sonne), P. Ehrenreich (Mond), A. Kuhn (Wind, Sturm) und W. Mannhardt (Vegetation), läßt sich insofern zusammenfassen, als man in ihnen den Ausgangspunkt für die Märchen immer in bestimmten Naturphänomenen sieht.

Gegen Ende des 19. Jahrhunderts stellte dann Ludwig Laist 1889 in seinem Buch ›Das Rätsel der Sphinx‹ die Hypothese auf, daß der Ausgangspunkt für Märchen und Sagen in Träumen zu suchen sei. Er versuchte diese Ansicht durch die Bildung von Reihen typischer Träume und typischer Märchenmotive zu belegen. Schon in Richtung auf eine psychologisch-psychoanalytische Märchentheorie weisen die Arbeiten von Adolf Bastian (vor allem ›Beiträge zur vergleichenden Psychologie‹, Berlin 1868), der als Kern der mythologischen Motive »Elementargedanken« sieht, die nicht wandern, sondern mit dem Individuum mitgeboren werden. Aus diesen ergeben sich in den verschiedenen Ländern Varianten (Völkergedanken).

Als »literarische Schule« bezeichnet man vor allem die durch das Werk Max Lüthis ›Das Europäische Volksmärchen‹ (1947) angeregten Arbeiten, weil in ihnen von einem literarisch-formalen Standpunkt aus Unterschiede zwischen den verschiedenen Typen der Märchen wie auch Unterschiede des Helden in Sage und Märchen herausgearbeitet worden sind.

Schließlich muß bei dieser Übersicht, die keinen Anspruch auf letzte Vollständigkeit erhebt, noch auf die Traditionslinie der Mythen vergleichenden Analyse hingewiesen werden, die mit der Märchentheorie in engem Zusammenhang steht.

1890 veröffentlichte James George Frazer seine zwölf Bände umfassende Studie ›The Golden Bough‹, in der eine ganze Epoche anthropologisch-mythologischer Forschung kulminiert. Ausgangspunkt zu einem weltumspannenden analytischen Streifzug durch Mythen und Rituale ist die an sehr unterschiedlichen Orten zu beobachtende Praktik, einen König am Ende einer bestimmten Herrschaftszeit oder, wenn seine Stärke oder Gesundheit nachzulassen begann, hinzurichten. 1898 versuchte Leo Frobenius mit seiner »Kulturkreislehre« eine neue Form der Annäherung zum Verständnis sogenannter primitiver Kulturen. Er zeigte das Vorhandensein eines Kontinuums auf, das sich vom äquatorialen Westafrika ostwärts durch Indien, Indonesien, Melanesien und Polynesien über den Pazifik bis nach Mittelamerika und die Nordwestküste erstreckt haben soll.

Robert Ranke-Graves mit seiner ›Griechischen Mythologie‹ (1955) und seinem Buch ›Die Weiße Göttin – Die Sprache des Mythos‹ (1946) steht ebenso in der Traditionslinie der vergleichenden Mythologie wie Joseph Campbell mit seinem vierbändigen Werk ›The Masks of God‹ (1968), dessen einleitende Sätze das Erkenntnisziel und dessen Verbindung zur Märchentheorie klarstellen:

»Das vergleichende Studium von Mythologien der Welt zwingt uns, die Kulturgeschichte der Menschheit als eine Einheit aufzufassen, denn es stellt sich heraus, daß solche Themen wie der Raub des

Feuers, das Land der Toten, die jungfräuliche Geburt und der wiederauferstehende Held weltweit verbreitet sind. Sie tauchen überall in immer neuen Kombinationen auf und bleiben sich doch wie die Elemente eines Kaleidoskops immer gleich. Und weiter: während in Geschichten, die zur Unterhaltung dienen, solch mythische Themen leicht und spielerisch aufgefaßt werden, treten sie andererseits auch in einem religiösen Zusammenhang auf. Dann werden sie sogar zur Offenbarung der Grundwahrheiten, von der die gesamte Kultur ein lebendiges Zeugnis ablegt und von denen die geistigen Autoritäten sich und ihre zeitliche Macht herleiten.«

Campbells umfangreiches, aber sehr kurzweilig geschriebenes Werk zielt auf nichts mehr und nichts weniger ab, als die in jeder menschlichen Gesellschaft vorhandenen mythologischen Motive im Licht der Erkenntnisse moderner Wissenschaft wie Psychologie, Völkerkunde, Archäologie, aber auch Verhaltensforschung und Biologie kritisch zu betrachten.

Eine Kritik an den Methoden der Schule vergleichender Mythologie hat Marie-Louise von Franz so formuliert:

»Wenn man beim Weltbaum anfängt, läßt sich leicht beweisen, daß jedes mythologische Motiv am Ende zum Weltbaum führt. Wenn man von der Sonne ausgeht, kann man leicht beweisen, daß hinter allem die Sonne steckt. So geht man schließlich in dem Chaos von Zwischenverbindungen und einander überlappenden Bedeutungen der archetypischen Bilder unter. Wenn man die große Mutter oder den Weltenbaum oder die Sonne, die Unterwelt, das Auge oder irgend etwas anderes als Motiv setzt, kann man endlos vergleichendes Material aneinanderreihen, verliert aber den archimedischen Punkt, der zu einer Interpretation nötig ist.«

Tatsächlich läßt sich nicht leugnen, daß allen methodischen Versuchen, eine Vielzahl von Mythen nicht nur zu ordnen und zu analysieren, sondern auf den Ausgangspunkt eines ursprünglichen Phänomens zurückzuführen, etwas Gewaltsames und Unbefriedigendes anhaftet. Hinzu kommt, daß die Anhänger bestimmter, in den Bereich des Religiös-Metaphysischen verweisender Interpretationsmethoden, von Mythen und Märchen gerade dadurch, daß dem Gegenstand ihres Interesses selbst ein starkes Maß an Emotional-Gefühlhaftem anhaftet, dazu neigen, sich in Mitglieder einer Gemeinde, ja, in Sektierer zu verwandeln, denen es weniger um einen Erkenntnisprozeß, sondern vielmehr darum geht, durch ein Bad in Emotionen die Sorgen und Ängste ihrer Realität zu vergessen.

Nach dieser kurzen Rückschau gilt es nun, wenigstens die wichtigsten Methoden der Märchenanalyse, die in der aktuellen Diskussion eine Rolle spielen, zu betrachten. M. Dahrendorf und H. Kerst haben zu ihrer Gruppierung eine Dreiteilung in

1. strukturalistisch-formalistischer Ansatz
2. psychologisch-symbolischer Ansatz
3. materialistischer Ansatz

vorgeschlagen, allerdings mit dem Hinweis, daß es sich dabei um eine »idealtypische Vereinfachung« handele. Dieses Schema sagt nichts über die historische Abfolge der verschiedenen Ansätze aus. Gewiß kann man sich auch darüber streiten, ob man die Theorien dieses oder jenes Autors hier oder dort zuordnen will. Auch haben diese teils eine weitgreifend differenzierte, teils eine nur punktuelle Ausarbeitung erfahren. Als Übersichtsrahmen zur raschen Verständigung wie auch als leicht einzuprägendes Orientierungsmuster scheint mir jedoch diese Dreiteilung brauchbar und nützlich.

Die strukturalistisch-formalistische Methode

Die sogenannte strukturalistische Methode ist ursprünglich schon Ende der zwanziger Jahre in der Sowjetunion entstanden, aber erst mit einer gewissen Zeitverschiebung in Westeuropa und den USA aufgegriffen, angewandt und dann auch modifiziert worden. Sie hat ihren Ursprung im russischen Formalismus, dessen Ziel es war, den funktionalen Zusammenhang eines Textes und dessen Wirkung zu untersuchen. Ein umfassender Versuch, zur Strukturanalyse einer folkloristischen Gattung zu gelangen, wurde 1928 von Vladimir Propp unternommen, dessen Schrift aber erst nach ihrer englischen Übersetzung 1958 unter dem Titel

›Morphologie of the Folktale‹ und der 1966 erschienenen italienischen Ausgabe weltweites Aufsehen erregte. Eine deutsche Ausgabe mit dem Titel ›Morphologie des Märchens‹ liegt seit 1975 vor. Propp geht von der Frage aus, was ein Märchen ausmacht. Als Untersuchungsmaterial wählte er 100 russische Zaubermärchen aus der bekannten Sammlung von Afanasev, die im Motiv-Index von Aarne-Thompson unter den Nummern 300-749 aufzufinden sind.

Nach seinen eigenen Worten geht es um »eine Beschreibung der Volksmärchen gemäß der Teile, aus denen sie bestehen, und um die Beziehung dieser Teile untereinander und zum Ganzen«. Er definiert dann als eine morphologische Einheit die Funktion, anders ausgedrückt: die Handlungen der im Märchen vorkommenden Personen. Über die Funktion werden drei Aussagen gemacht:

1. Die Funktionen dienen als ein stabiles konstantes Element im Volksmärchen, unabhängig davon, wer sie ausführt und wie sie von den handelnden Personen ausgeführt werden. Sie bilden die »Bausteine des Märchens«.

2. Die Zahl der Funktionen, die im Zusammenhang mit dem Märchen bekannt sind, ist begrenzt. (Propp findet 31 solcher Funktionen auf.)

3. Die Folge der Funktionen ist immer identisch. Nach der Untersuchung des oben erwähnten »samples« stellte Propp fest, daß sich jedes Märchen durch das Auftreten bestimmter geordneter Funktionsgruppen auszeichnet, und zog daraus die Folgerung: »Alle Märchen gehören von ihrer Struktur her ein und demselben Typ an.«

Dies mag nun für den Laien recht abstrakt klingen, deshalb gebe ich hier die stichwortartige Inhaltsangabe von drei Indianermärchen:

1. Der Häuptling stellt Sun vor die Aufgabe, einen Schießwettbewerb zu gewinnen. Sun löst die Aufgabe mit Hilfe seiner Schwester Star.

2. Coyote stellt Schildkröte vor die Aufgabe, einen Wettlauf zu gewinnen. Schildkröte löst die Aufgabe mit Hilfe seiner Verwandtschaft.

3. Büffel-Frau stellt ihren Ehemann vor die Aufgabe, sie zu erlösen. Er löst diese Aufgabe mit Hilfe seines Sohnes.

Hier wird klar, was gemeint ist, wenn es bei Propp heißt, es sei nicht entscheidend, wer handelt, warum und wie gehandelt werde, sondern was geschehe.

Anders ausgedrückt: Zwar verändern sich Namen der auftauchenden Gestalten (Häuptling – Coyote – Büffelfrau; Sonne – Schildkröte – Ehemann), desgleichen die ihnen beigeordneten Eigenschaften und die mit den Handlungen zusammenhängenden Gegenstände und Vorgänge (Schießwettbewerb, Wettlauf), konstant hingegen sind die Aktionen, die Funktionen der Handlungsträger (Lösung einer Aufgabe).

Wie nun konkret eine Analyse nach der strukturalistischen Methode aussieht, soll an einem indianischen Märchen dargestellt werden:

Coyote und Stachelschwein

Einmal ging ein Stachelschwein am Fluß entlang und hielt nach Nahrung Ausschau. Bald sah es einige starke, fette Büffel. Zehn waren gerade jenseits des Flusses.

1. Ausgangssituation besteht in Mangelsituation
2. Schenker taucht auf

Da wollte das Stachelschwein über den Fluß, konnte aber nicht.

3. Reaktion des Helden

Nach einigem Überlegen hieß es die Büffel, sich in einer Reihe aufzustellen, damit es sehen könne, welcher der fetteste sei. Dann wählte es diesen und forderte ihn auf, über den Fluß zu schwimmen.

Als dieser Büffel zum Stachelschwein, kam, fragte er das Stachelschwein, wo es sitzen wolle, auf seinem Rücken oder auf seinem Schwanz. Das Stachelschwein antwortete: »Ich möchte lieber

4. Zaubermittel = der Büffel selbst

unter deinen Vorderbeinen sitzen, dort werde ich nicht ertrinken.« Der Büffel war einverstanden.

Als sie fast drüben waren, schlug das Stachelschwein den Büffel mit einem großen Messer unter das Vorderbein.

5. Raumvermittlung
6. Kampf

So tötete es diesen Büffel, aber die anderen rannten fort. Das Stachelschwein schaute sich nach etwas um, um sein Messer daran zu schärfen.

7. Sieg, Aufheben des Mangels
8. Mangel

Es sang: »Ich wünschte, ich könnte etwas finden, um mein Messer zu schärfen, denn noch habe ich keinen wirklich fetten Büffel gehabt.« Als der Coyote vorbeiging, hörte er das Stachelschwein dies singen.

9. Kopula (Verbindung)

Der Coyote kam heran, und das Stachelschwein bekam Angst. Der Coyote fragte es, was es singe, und das Stachelschwein antwortete: »Ich habe gar nichts gesungen. Ich habe nur gerade gesagt, ich wünschte, ich hätte ein Band für meine Moccasins.« Der Coyote sprach: »Nein, das hast du nicht gesagt. Ich habe gehört, was du gesagt hast.« Das Stachelschwein sagte nichts mehr. Der Coyote sagte ihm, was er gehört hatte.

10. Verrat

Der Coyote sagte: »Jetzt habe ich ein scharfes Messer. Also kann ich dir helfen...« Dann sagte der Coyote: »Laß uns versuchen, über den Büffel zu springen. Derjenige, der herüberspringt, soll alles bekommen.«

11. Betrugsmanöver

Der Coyote sprang über den Büffel. Das Stachelschwein schaffte es nicht.

12. Mithilfe

So bekam der Coyote alles Fleisch. Dann nahm der Coyote ein scharfes

13. Täuschung

Messer und schnitt dem Stachelschwein
den Kopf ab, aber er tötete es nicht.

Nun hatte der Coyote einige Kinder;
eines davon war mit dabei, die anderen
waren daheim.

14. Kopula

Der Coyote sagte zu seinem Kind:
»Ich hole die anderen Kinder, paß du auf
das alte Stachelschwein auf. Wenn es
sich aufrappelt, rufe mich. Ich werde
dann kommen und es töten.«
Als der Coyote fort war, stand das
Stachelschwein auf. Der junge Coyote
rief: »Vater, das Stachelschwein steht
auf.« Der Coyote kam eilig zurück und
fragte sein Kind, was los sei. Das Kind
sprach: »Das Stachelschwein versucht,
etwas von dem Büffelfleisch zu nehmen,
aber nun ist es wieder ruhig.«
Der Coyote ging ein zweites Mal fort.
Als er weit weg war, sprang das Stachelschwein abermals auf.

15. Schwere Aufgabe

Das Kind rief seinen Vater, aber diesmal vergebens. Das Stachelschwein er-
schlug den jungen Coyoten mit einem
Stein und tötete ihn. Dann setzte er das
Kind unter einen Baum und stopfte ihm
den Mund voller Büffelfleisch.

16. Lösung, Aufhe-
bung der Schädigung

Dann brachte das Stachelschwein
alles Fleisch auf einen Baum und beob-
achtete, ob der Coyote und seine Familie zurückkommen würden.

17. Motivierung

Als der Coyote und seine Frau und die
Kinder nahe herangekommen waren,
sprach der Coyote zu seinen Kindern:
»Schaut da euren Bruder, er ißt und hat
seine Lust.« Aber als sie ankamen, sahen
sie, daß das Kind getötet worden war

18. Kopula

und man ihm das Fleisch in den Mund gestopft hatte.

Da wurde der Coyote sehr zornig. Er fragte sich, wo das Stachelschwein hin ist. Als er sich umschaute, entdeckte er das Stachelschwein lachend auf dem Baum sitzend.

19. Verfolgung

Der Coyote sprach:»Bitte, komm herunter.« Aber das Stachelschwein sprach:»Das werde ich nicht tun, weil du mich um das Büffelfleisch betrügen willst.« Der Coyote sagte:»Gib uns nur ein bißchen Fett oder Fleisch ab.«

20. Kopula

Dann forderte das Stachelschwein den Coyoten und dessen Familie auf, sich unter den Baum zu stellen. Das taten sie. Da warf das Stachelschwein den Büffelschädel herab, und sie wurden alle getötet.

21. Rettung, Bestrafung, Aufhebung des Mangels

Das Märchen vom Coyoten und dem Stachelschwein stammt von einem Indianerstamm des amerikanischen Nordwestens, den Nez Percé. Es handelt sich um eine sogenannte »Trickster tale«. Der Trickster ist hier der betrogene Betrüger. Anlaß und Botschaft der Geschichte sind ein Thema, das in den Märchen der verschiedenen nordamerikanischen Stammesgruppen dominiert. Es geht um den Hunger und seine Befriedigung. Es ist offensichtlich, daß das Märchen eine »Moral« hat. Den Zuhörern soll vermittelt werden, daß die egoistische Befriedigung eines menschlichen Grundbedürfnisses durch den Stärkeren und Geschickteren auf Kosten des Schwächeren gefährlich ist. Stärke und Geschicklichkeit können durch einen Zufall gewissermaßen ausmanövriert werden. Dann gerät der Stärkere und Geschicktere selbst in Gefahr. Es ist auch klar und offensichtlich, daß dieses Märchen Unbeholfenheiten und schwache Stellen aufweist. Man könnte beispielsweise fragen: Warum kommen die Büffel, die ja wissen müssen, daß das Stachelschwein ihr Feind ist, über den Fluß? Auch daß dem Stachelschwein von dem Coyoten der Kopf abgeschnitten wird und es dennoch am Leben bleibt, ist ein solch fragwürdiges Motiv. Es könnte auf einem Übersetzungsfehler beruhen. Wahrscheinlicher aber ist, daß der Handlungsverlauf so gestaltet wird, um die Fortsetzung des Märchens zu einem gewissen Ende hin möglich werden zu lassen. All diese Sinn- und Inhaltsfragen sind für eine Analyse nach der strukturellen Methode nicht relevant. Es geht bei ihr zunächst einmal ausschließlich darum, die Funktionskette zu erstellen. Von daher könnte man zu dem Eindruck gelangen, daß diese Methode leicht zum Selbstzweck wird. Außerdem gelten ihre Ergebnisse ja auch nur für einen Teil der Märchen, nämlich für die Zaubermärchen. Es läßt sich aber sehr wohl darin ein weiterreichender Erkenntniszweck ausmachen, Märchen mit ähnlicher Struktur zusammenzufassen. Bestimmte Strukturketten könnten mit bestimmten Orten oder Zeiten in Verbindung stehen. Dies führt zu einer weiteren Methode, die in gewissem Sinn von der strukturalistischen ausgeht.

Die anthropologische Methode

Ende des 19. und Anfang des 20. Jahrhunderts waren die Nachforschungen nach dem Alter der Märchen weitgehend in eine Sackgasse geraten. Man stellte fest (Lüthi), daß eine Altersbestimmung überhaupt unmöglich sei. Trotzdem ließ diese Frage die Wissenschaftler nicht ruhen.

Es ist die Ansicht vertreten worden, die heute bekannten europäischen Märchen seien nicht uralt, sondern gingen, was ihre Entstehung betrifft, nur bis in die Zeit des Mittelalters zurück. Doch Märchen aus dem alten Ägypten, die sich kaum von heutigen Märchen aus europäischen Ländern unterscheiden, scheinen diese Meinung zu widerlegen.

Ethnologen haben versucht, eine Datierung mit Hilfe der Religionsgeschichte vorzunehmen. So taucht bei Brunner-Traut und Riesenfeld die Ansicht auf, daß Märchen in einer vormythischen Zeit die Funktion des Mythos ausgeübt hätten.

Ein weiterer Ansatz läßt sich als »historisch-ethnologische Methode« bezeichnen. Sie geht davon aus, daß im Märchen Gegenstände und Begebenheiten abgebildet werden, die typisch sind für eine bestimmte Kulturepoche oder einen bestimmten geographischen Raum. Beispiele für diesen Analyseansatz wären Bilder und Situationen aus zwei bekannten Märchen der Brüder Grimm.

Im Märchen ›Rapunzel‹ heißt es:

»Rapunzel ward das schönste Kind unter der Sonne. Als es zwölf Jahre alt war, schloß es die Zauberin in einen Turm, der im Wald lag und weder Treppe noch Tür hatte, nur ein ganz kleines Fensterchen ...«

Die entsprechende Stelle in ›Jungfrau Maleen‹ lautet:

»Da geriet der Vater in Zorn und ließ einen finsteren Turm bauen, in den kein Strahl von Sonne und Mond fiel. Als er fertig war, sprach er: ›Darin sollst du sieben Jahre lang sitzen, dann will ich kommen und sehen, ob dein trotziger Sinn gebrochen ist.‹ Für die sieben Jahre ward Speise und Trank in den Turm getragen, dann ward sie und ihre Kammerjungfer hineingeführt und eingemauert und also von Himmel und Erde geschieden.«

Es ist klar, daß zwischen den beiden Episoden eine gewisse Ähnlichkeit besteht. Die Sitte, Mädchen in Türme einzuschließen, besteht bei Indianerstämmen in Alaska und bei den Singalesen. Diese Feststellung allein besagt zunächst wenig. Weiter bringt die Vermutung, daß es sich bei dem in den Märchen erwähnten Turm vielleicht um eine Pubertätshütte gehandelt haben könnte. Solche Hütten wurden vor allem von »Pflanzern« errichtet, einer Vorstufe zur Gesellschaft der Bauern. Also – so schloß man – war das Märchen in einer Kulturepoche vor der Einführung des Ackerbaus entstanden. Ob der Turm im Märchen für eine solche Hütte steht, ist so aber keineswegs hieb- und stichfest bewiesen. Es war gewagt, »von einzelnen isolierten Erscheinungen (her) Schlüsse so allgemeiner Art zu ziehen« (Nitschke).

Auf welch schwachen Füßen solche Spekulationen letztlich stehen, wird klar, wenn man bei Lutz Röhrich in dem Band ›Märchen und Wirklichkeit‹ liest, daß in Märchen häufig »Lokalfärbungen, Hinweise auf ein bestimmtes Kulturmilieu, ja, selbst Personen der wirklichen Geschichte« vorkommen. Der Autor schreibt weiter: »In jedem Einzelfall ist die Frage zu stellen: Dient die wirkliche Welt dem Märchen zur Hebung seiner Glaubwürdigkeit oder will sie (damit) die Unwirklichkeit des Erzählers noch unterstreichen?«

Das aber führt in Hinblick auf das Auftauchen jenes Turmes in ›Rapunzel‹ und ›Jungfer Maleen‹ zu der Frage: Ist dieser Turm ein Stück Wirklichkeit? Und wenn ja, könnte nicht bei der Aufnahme solcher Bilder aus der Realität auch die Willkür des mündlichen Erzählers gewaltet haben? Kurzum, diese Methode kommt nur zu Ergebnissen, die mit einem hohen Unsicherheitsfaktor belastet sind.

Nicht anders ist es, wenn man versucht, aus den Denk- und Handlungsweisen der im Märchen dargestellten Menschen Rückschlüsse auf die Entstehungszeit des Textes bzw. auf seine Urform abzuleiten. Gewiß fällt bei manchen Märchen auf, wie die gewöhnlich vorherrschende bildhafte und doch abstrakte Darstellungsweise plötzlich durch eine mehr rationale unterbrochen wird. Aber schließlich läßt sich auch dann nicht mit Sicherheit sagen, wann der Erzählstil im Lauf der Tradierung verändert worden ist.

Ähnliches gilt für die Methode, im Handlungsablauf eines Märchens nach Ritualen zu suchen und dann danach zu fragen, wann und wo es solche Rituale gegeben hat. Im einzelnen Fall mag das zu erstaunlichen Ergebnissen führen, wie im ersten Kapitel am Beispiel des Eskimomärchens gezeigt worden ist. Auch viele Indianermärchen sprechen schon im Titel davon, daß die Geschichte einst mit der Einsetzung eines Rituals oder einer Zeremonie verknüpft war. (Vom Ursprung der Seneca-Medizin, Vom Ursprung des Sonnentanzes, Vom ersten Wampum. Siehe ›Indianermärchen aus Kanada‹, Fischer Taschenbuch 2806.) Aber keineswegs alle Märchen stehen mit Ritualen in Zusammenhang.

Diese insgesamt doch recht unbefriedigenden Ergebnisse historisch-ethnologischer Methoden führten schließlich dazu, daß in jüngster Zeit ein Neuansatz von der Epochenforschung versucht wurde (August Nitschke, ›Soziale Ordnung im Spiegel der Märchen‹, Band 1: ›Das frühe Europa‹).

Wissenschaftlern, die auf dem Gebiet der historischen Verhaltensforschung arbeiteten, war aufgefallen, daß für bestimmte Zeitepochen, beispielsweise für die Rittergesellschaft des 13. Jahrhunderts oder für die bürgerliche Gesellschaft des 19. Jahrhunderts, bestimmte Bewegungsabläufe typisch sind. In Untersuchungen stellte sich heraus, daß unter dem Aspekt der Bewegungsabläufe zwei Grundeinstellungen des Menschen bzw. der menschlichen Gesellschaft hervortreten. Menschen können sich an Veränderungen beteiligen, sie mitzutragen und durchzusetzen versuchen, oder aber sie können sich Veränderungen zu entziehen trachten. Die entsprechenden Haltungen bezeichnet man als »Partizipationsgesellschaft« (Teilnahme an der Veränderung) oder »Konfrontationsgesellschaft«. Wenn diese Beobachtungen zunächst von der Darstellung der Menschen auf Bildern ausgingen, so ergab sich schließlich, daß solche Bewegungsabläufe sich auch in literarischen Werken abbilden. Damit sind wir beim entscheidenden Punkt der Methode.

»Mit Hilfe verschiedener wissenschaftlicher Disziplinen«, so schreibt Nitschke, »läßt sich erkennen, welche Bewegungsabläufe die Menschen einer Epoche bevorzugen. Da diese Bewegungsabläufe gleichermaßen Wissenschaft, Kunst, Literatur und Gesellschaftsformen beeinflussen, lassen sich diese Gebiete miteinander vergleichen. Sie sind durch Analogien verbunden, da in jedem dieser Gebiete ähnliche Bewegungsabläufe vorliegen oder vorausgesetzt werden. Damit bietet sich eine neue Möglichkeit zu erkennen, wann Märchen entstanden sind. Es muß die Art der Aktivität analysiert werden, über die die Personen des Märchens verfügen ... alle Märchen, die dieselbe Art von Aktivität beschreiben, sind in einer Gruppe zusammenzufassen. Die so gewonnenen Gruppen sind dann mit Bildern zu vergleichen, die uns aus der Vor- und Frühgeschichte Europas erhalten geblieben sind.«

Die beiden »Grundeinstellungen« sind jedoch nicht der einzige Anhaltspunkt. Es gibt darüber hinaus auch noch andere »Gleichartigkeiten«, die in einer Gesellschaft zu einer bestimmten Epoche auftreten, hingegen in anderen Gesellschaften und Epochen nicht.

Nitschke veranschaulicht den Begriff der »Gemeinsamkeiten« daran, daß in Chroniken wie auch in Bildern aus dem 10. Jahrhundert bestimmte Gesten der Huld oder Stärke, des Gebietens oder Schenkens zu erkennen seien, die sich von den 100 oder 200 Jahre später üblichen Gesten oder Gebärden grundlegend unterscheiden. Allerdings ließen sich diese »Gemeinsamkeiten« nicht so systematisch erfassen wie die »Grundeinstellung«. Immerhin ergeben sich so mehrere, wechselseitig überprüfbare Anhaltspunkte zur Datierung. Das führt vor allem zu einer Änderung in der Betrachtungsweise der Varianten.

Läßt sich bei diesen, also bei Märchen mit ähnlichem Handlungsverlauf, *nicht* eine Übereinstimmung von »Grundeinstellung« und den epochalen »Gemeinsamkeiten« nachweisen, dann gilt dies als Indiz dafür, daß die Geschichten in jeweils verschiedenen Gesellschaften erzählt worden sind.

Es geht bei dieser Methode nicht darum, »welche Intentionen die Personen hatten, die die Märchen zuerst erzählten«, es geht darum, »Gleichartigkeiten und Bewegungsabläufe kennenzulernen, um mit ihrer Hilfe die Märchen zu datieren«.

Was diese Methode als Errungenschaft gegenüber anderen Ansätzen dieser Richtung für sich in Anspruch nehmen kann, wäre, daß durch die Konzentration auf Verhaltensweisen der Blick auch auf Arbeit, Erziehung und die Rolle der Geschlechter in jener Gesellschaft fällt, in der die Märchen entstanden sind.

Von daher werden diese Methode und ihre Erkenntnisse zu einer wichtigen Voraussetzung für die materialistische »Schule« der Märchenanalyse, der es darauf ankommt, in den Märchen die jeweiligen Arten der Sozialisation bzw. deren Ideologieträchtigkeit aufzuspüren.

Der psychologisch-symbolische Ansatz

Ausgangspunkt ist hier die vom Schweizer Psychologen und Psychiater Carl Gustav Jung entwickelte Lehre vom kollektiven Unbewußten und von den Archetypen. Es kann nicht Aufgabe einer solchen Darstellung sein, einen umfassenden Aufriß dieser Lehre zu geben. Doch einige Grundzüge müssen rekapituliert werden.

Jung entwickelt ein Modell der menschlichen Seele, in dem zunächst zwischen Bewußtem und Unbewußtem als Sammelort aller verdrängten und vergessenen Inhalte unterschieden wird. Der Bereich des Unbewußten wird dann bei ihm unterteilt in das persönliche Unbewußte, das einer noch tieferen Schicht, dem sogenannten kollektiven Unbewußten, aufliegt. Dieses enthält, so Jung wörtlich, »Inhalte und Verhaltensweisen, welche überall und in allen Individuen cum grano salis dieselben sind«. Er spricht in diesem Zusammenhang auch von »allgemeinen seelischen Grundlagen überpersönlicher Natur«.

Inhalt des kollektiven Unbewußten sind die Archetypen. Sie werden auch als »eine noch unmittelbar seelische Gegebenheit« bezeichnet, was letztlich eine Übersetzung ihres Inhalts in intellektuelle Begriffe ausschließt, da diese Inhalte eben noch keiner bewußten Bearbeitung unterworfen gewesen sind. Ein weiterer Schritt ist dann, daß Märchen der reinste und einfachste Ausdruck jener psychischen Prozesse sind, die sich im kollektiven Unbewußten abspielen.

Jung und seine Schule sind somit der Ansicht, daß alle Märchen ein- und denselben psychischen Fakt beschreiben oder auszudrücken versuchen, der allerdings so komplex, weitreichend und schwer vorstellbar ist, daß es der Wiederholung in Hunderten von Geschichten bedarf, bis dieser Fakt vom Bewußtsein wahrgenommen wird. Definiert wird dieser Fakt von Jung als »das Selbst der psychischen Gesamtheit eines Individuums«, aber gleichzeitig auch als »das Regulativ des kollektiven Unbewußten«.

M. Dahrendorf und J. Kerst haben die von ihnen gewählte Kennzeichnung des »psychologisch-symbolischen Ansatzes« damit begründet, daß gemäß dieser Methode Märchen ausschließlich oder vor allem Reifungs-, Ablösungs- und Individuationsprozesse symbolisch darstellten. Sie schreiben:

»Das Märchen wird als Phantasieprodukt zum Erscheinungsort archetypischer Bilder und Figuren, in denen sich allgemeinmenschliche Sehnsüchte kristallisieren: nach dem ›Selbst‹, als der höchstmöglichen Vollkommenheit im Menschen und Harmonie aller widerstrebenden Kräfte, z. B. des Bewußten und des Unbewußten. Stiefmütter und Hexen symbolisieren die unheilvollen, der Individuation im Weg stehenden Kräfte bzw. die Angst vor dem Selbstwerden, Retter und Prinzen das positive, förderliche Prinzip, wobei die Wirklichkeitsferne als Indiz für die innerseelischen Kräfte genommen wird, die im Grund gemeint sind.« (›GEW-Informationen Literatur und Medien‹, H. 4/75)

Ehe ich über einige Arbeiten berichte, in denen ausgehend von den Vorstellungen Jungs, die Zusammenhänge zwischen dem Märchen und dem Reifungs- und Individuationsprozeß beim Kind untersucht worden sind, scheint es mir richtig, dem Leser die Möglichkeit zu geben, mit den von Jung herrührenden Vorstellungen noch etwas näher vertraut zu werden.

In einem Seminar des C. G. Jung-Instituts Zürich, im Winter 1963, hat Marie-Louise von Franz, eine der bedeutendsten Jung-Schülerinnen, praktische Hinweise zu einer Märchenanalyse gegeben. In seiner Verbindung von psychoanalytischem und märchenanalytischem Ansatz belegt dieser Text die Auffassung vom Märchen in der Jungschen Schule derart anschaulich, daß er auch als Anregung für Laien geeignet scheint, die sich selbst einmal mit einer Märchenanalyse versuchen möchten, weil sie vom Märchen Antworten auf ihre Sinnfragen erwarten. Was mich für diesen Text besonders einnimmt, ist die Tatsache, daß er die Grenzen der in ihm dargestellten Methode nicht verschleiert, sondern ausdrücklich betont.

Zur Methode der Jungschen Märchendeutung: Ein Beitrag von Marie-Louise von Franz

Wie gelangt man methodisch zur Realisierung des Sinnes im Märchen? Man muß ihn oft erpirschen wie einen flüchtigen Hirsch, der sich einem immer wieder entzieht. Warum versuchen wir überhaupt, Märchen psychologisch zu »deuten«? Immer wieder sagen uns Fachleute, daß der Mythos doch einfach für sich selber spreche, daß man nur seine eigene Aussage erläutern müsse und daß eine *psychologische* Deutung überflüssig sei. Letzteres lege doch nur etwas in den Mythos hinein, das gar nicht darin liege. Der Mythos mit all seinen einzelnen Bildern und deren Amplifikationen spreche doch klar für sich selbst. Das scheint mir aber nur *halb* wahr zu sein, ebenso halb wahr, wie wenn C. G. Jung oft betonte, daß ein Traum seine eigene beste Erklärung sei. Eine Deutung sei immer weniger treffend als der Traum selber. Der Traum ist der *bestmögliche* Ausdruck *innerer Geschehnisse,* und so sind es auch Mythen und Märchen. Insofern haben die Gegner jeglicher Deutung recht. Jede Deutung verdunkelt das ursprüngliche Licht, das der Mythos ausstrahlt. Aber wenn Ihnen jemand erregt einen wunderbaren Traum erzählt und Sie nur antworten: »Ja, Sie haben das also geträumt«, wird er oft sagen: »Aber ich will wissen, was der Traum *bedeutet.*« Würden wir dann nur antworten, der Traum sei seine eigene beste Deutung, so hätte das zwar einen Vorteil, weil der Träumer dann an dem Traum immer wieder herumgrübeln würde und plötzlich darin da oder dort einen Sinn sehen würde. Das gleicht dem Vorgehen der australischen Eingeborenen, die immer wieder ihr »Churinga« (Seelenstein) reiben gehen, damit es ihnen Kraft schenkt – es gäbe keine fremde Einmischung eines Deuters. Aber andererseits genügt dies doch oft nicht, weil die Botschaft des wunderbaren schönen Traumes so nicht empfangen wird. Dann bleibt der Träumer wie jemand, der ein riesiges Bankkonto hat, aber nichts davon weiß, oder die Nummer vergessen hat. Was hat er dann davon? – Gewiß, es ist gut, zu warten und zu hoffen, daß der Traum selber eine »Sinn-Brücke« baut zum Bewußtsein des Träumers, weil die Leute mehr beeindruckt sind von dem, was sie selber herausfinden, als was man ihnen sagt, sogar wenn es eine gute Deutung wäre. Aber eben oft wird das Bankkonto dann nicht benützt und der Besitzer bleibt arm.

Ein weiterer Grund, warum man oft eine Deutung anbieten muß, liegt darin, daß die Leute ihre eigenen Träume oder Traummythen nicht »objektiv« deuten, sondern gemäß ihren schon bewußten Annahmen. Ein Denker z. B. wird daraus nur eine philosophische Idee beziehen und wird die emotionalen Töne und Gefühlsnuancen meistens übersehen. Ich habe auch oft beobachtet, daß Leute die Deutung aus einer momentanen Laune heraus formulieren und so z. B. nur das Negative im Material sehen.

Dann ist es wichtig, daß der Deutende einspringt und z. B. sagt »Ja, der Traum beginnt schlecht, aber die Lysis (Schluß) ist sehr gut – der Traum sagt zwar, daß Sie ein Narr sind, aber er weist auch auf einen Schatz hin.« Die Deutung des Deuters ist somit ein wenig mehr objektiv, und dadurch kann verhindert werden, daß der Traum in die momentane Bewußtseinsstimmung »hineingesogen« wird. Archetypische Bilder deuten ist also eine Kunst oder ein Kunstwerk, das viel praktische Erfahrung und Übung verlangt. Immerhin gibt es einige erlernbare Regeln: Wir teilen einen Traum oder eine archetypische Erzählung in die Phasen des klassischen Dramas ein: Exposition (Zeit, Ort, Dramatis personae), Verwicklung (Nennung des Problems), Peripetie oder Peripetien und Lysis. In Märchen sind Zeit und Raum evident:

Es beginnt mit »Es war einmal« oder ähnlich, d. h., es ist eine Sphäre in Raum- und Zeitlosigkeit – das Nirgendwo des kollektiven Unbewußten.

»Es war einmal, ich weiß nicht wo, jenseits von 747 Königreichen ... auf der zusammengefallenen Seite eines zusammengefallenen Ofens ... jenseits des Glasberges, wo auf dem kahlen Suche-nicht-und-frage-nicht-Berge 7 schlanke Weidenbäume stehen.« (Ungarisch)

»Im 77-Lande hinter dem roten Meer ... wo die Welt mit Brettern verschlagen war.« (Slowakisch)

»In alten Zeiten, als der liebe Gott noch auf Erden wandelte ...«

»Einst, in eherer Zeit, wo niemand als Gott war ...«

»Es hat mir geträumt ...«

Es gibt zahllose solche praktischen Umschreibungen des Nirgendwo-Irgendwann-Reiches, eine Zeit, die Mircea Eliade »illud tempus« nennt, eine zeitlose Ewigkeit.

Dann wenden wir uns den Dramatis Personae zu. Es empfiehlt sich, die Personen am Anfang und Ende zu zählen. Wenn ein Märchen z. B. beginnt mit: »Ein König hatte drei Söhne«, so sind es *vier* Männer, aber es fehlen Mutter oder Tochter. Am Ende heiratet meistens der Jüngste und sein Bruder oder Helfer eine andere Frau. Wieder sind es vier, aber diesmal männliche und weibliche Figuren. So darf man vermuten, daß es in der Geschichte um die Integrierung des Weiblichen geht.

Dann nehmen wir die Verwicklung, die Nennung des Problems, z. B. daß der alte König steril oder krank ist oder ihm jede Nacht einer seiner goldenen Äpfel gestohlen wird oder daß er das Wasser des Lebens braucht. Da ist immer eine Notlage, denn sonst gäbe es ja keine Geschichte. Diese Notlage muß man also psychologisch verstehen können.

Dann kommt die Peripetie, die lang oder kurz sein kann; es kann viele Male auf und ab gehen, bis die Geschichte einen Höhepunkt (Klimax) erreicht, wo alles entweder zu einem guten oder bösen Ende umkippt. Im Märchen folgt meistens eine gute Lysis, manchmal auch eine Katastrophe. Entweder heiratet der Held seine Prinzessin und lebt glücklich bis ans Ende der Zeiten, oder er fällt z. B. ins Meer, und »man hat nie wieder von ihm gehört«. In sehr primitiven Geschichten hat es manchmal keinen solchen klaren Schluß, sondern die Geschichte »zerfließt« irgendwie, so als ob der Erzähler, müde geworden, plötzlich einschlafen würde. Manchmal ist am Ende eine doppelte Stimmung ausgedrückt, etwas, das man im allgemeinen nur im Märchen findet: ein glückliches Ende, dem eine negative Bemerkung des Erzählers folgt, z. B. »Da blieben sie glücklich und zufrieden, wir aber gehen leer aus«, oder:

»Wir stehn da, barfuß wie Packesel, ... wie erloschene Feuerbrände, wir lecken uns die Zähne« (Sizilien). Dann sammelt der Erzähler Geld. Solche Schlußformeln sind ein »rite de sortie«, weil das Märchen uns weit weg in die Traumwelt der Kindheit, in das kollektive Unbewußte entführt, wo man nicht verweilen darf. Stellen Sie sich vor, man lebe in einem Bauernhaus und gerät in eine »Märchenstimmung«, und dann sollte man kochen. Wenn man sich nicht in die Realität zurückfindet, brennt etwas an, weil man noch immer an den Prinzen und seine Braut denkt. Darum betont die Schlußformel: Ja – *das* ist das Märchenland, aber hier herrscht bittere Wirklichkeit. Wir müssen das Märchenland verlassen.

Soweit einiges zur Ordnung des Materials, wobei es sich, wie erwähnt, lohnt, die Figuren zu zählen und die Zahlsymbolik zu berücksichtigen. Man kann auch eine graphische Ordnung herstellen, was aber nicht bei allen Märchen geht. Da ist z.B. das russische Märchen ›Die Jungfrau Zar‹*.

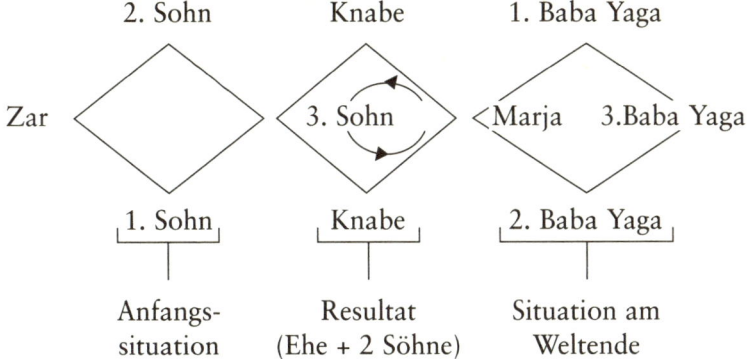

2. Sohn	Knabe	1. Baba Yaga
Zar ... 3. Sohn ... Marja	3. Baba Yaga	
1. Sohn	Knabe	2. Baba Yaga
Anfangs-situation	Resultat (Ehe + 2 Söhne)	Situation am Weltende

Zuerst existiert eine männliche Vierheit am Zarenhof, das weibliche Prinzip fehlt. Im Jenseits fernab ist eine weibliche Vierheit, 3 Baba Yagas und ihre »Nichte« Marja, die der Held erobert. Sie heiraten und haben zwei Söhne – wieder eine Vierheit. Diesmal ist die Vierheit, welche immer etwas Ganzheitliches darstellt, männlich und weiblich. Nicht immer ist das Muster so klar – man darf es nicht forcieren, aber in vielen Geschichten kann man ein solches Muster finden. Auch Unregelmäßigkeiten haben einen Sinn in der Viererschaft, auch sie sagen oft etwas aus. Ausnahmen gehören zu den Regelmäßigkeiten in der Natur.

Nun zur Fortsetzung der Deutungsarbeit: Wir nehmen einfach das erste Bild, z. B. den alten König, der das Lebenswasser braucht. Dies müssen wir durch Parallelen *amplifizieren*. Das kann aber in die Tausendste von Parallelen gehen, so daß man sich beschränken muß. In der ›Jungfrau Zar‹ z. B. beginnt die Geschichte mit einem Zaren und drei Söhnen. Der Jüngste ist ein Dummling. Das Benehmen des Zaren ließe sich mit der bewußten Hauptfunktion eines Menschen vergleichen (nach Jungs Typologie) und der Dummling mit der minderwertigen Funktion, aber das läßt sich aus dieser Geschichte allein nicht belegen. Es wird jedoch wahrscheinlich, wenn man alle Parallelen auch untersucht, dann zeigt es sich, daß der alte Zar sich tatsächlich wie die kon-

---

* In: ›Die Märchen der Weltliteratur‹, Band ›Russische Volksmärchen‹, Nr. 41, Köln, Düsseldorf 1959.

ventionell »ausgeleierte« Hauptfunktion bei einem Menschen benimmt und daß der Dummling alle Charakteristika der inferioren Funktion hat, nämlich Nähe zum Unbewußten und zum Ursprung.

So müssen wir meist die Parallelen ansehen. Dann müssen wir den Durchschnitt und die Ausnahmen im Parallelenmaterial ansehen, nur dann steht unsere Deutung auf einer relativ (!) soliden Basis. Nehmen wir z. B. eine Geschichte, in der sich eine weiße Taube negativ benimmt, und wir meinen, sie sei ein Hexenwesen. Das kann für *diese* Geschichte stimmen, aber wenn man die Parallelen ansieht, sieht es ganz anders aus. In christlichen Mythen ist die weiße Taube eine Erscheinungsform des Hl. Geistes, und in den meisten anderen europäischen Geschichten ist sie das Symbol eines venusartigen weiblichen Wesens. So müssen wir uns fragen, warum in der einen Geschichte ein Symbol des positiven Eros negativ erscheint. Das verändert den ganzen Gesichtswinkel der Betrachtung. Wenn ein Chirurg bei einer Autopsie den Blinddarm links findet und nicht aus der Anatomie weiß, daß er gewöhnlich rechts liegt, so kann er die Ausnahme nicht feststellen. So ist es auch bei den Märchen: *Man muß das durchschnittliche Vergleichsmaterial,* die vergleichende Anatomie der Symbole kennen, nur so kann man auch das Spezifische genauer sehen. *Amplifikation heißt also Anreicherung durch eine Sammlung von Parallelen.* Das unternimmt man nun bei *allen* vorkommenden Motiven bis zum Ende des Märchens.

Nun folgen noch zwei weitere Schritte, der erste davon ist die *Herstellung des Kontextes.* Nehmen wir an, im Märchen kommt eine Maus vor, die sich spezifisch benimmt. Nun finden wir durch Amplifikation, daß die Mäuse Totenseelen darstellen müssen, daß sie Tiere des Teufels sind, daß sie zum winterlichen Apollo Smintheus gehören, daß sie die Pest bringen, daß sie Seelentiere sind, d. h., daß die Seele eines Sterbenden den Körper in Gestalt einer Maus verläßt, usw., usw. Gewisse Züge »passen« zur Maus in unserer Geschichte, andere weniger. Was tun? Ich füge zunächst die »passenden« Mäuse ein, behalte aber die anderen gleichsam in der Tasche, d. h. z. B. in einer Fußnote, denn öfters treten diese anderen Züge später im Kontext zutage. So ist die Maus unserer

Geschichte z. B. positiv und hilfreich, sie hat nichts Hexenhaftes, aber später taucht in der Geschichte doch eine Hexe auf. Dann sieht man: Die Bilder sind geheim verbunden, der Hexenaspekt der Maus ist nicht ganz von ungefähr.

Dann kommt der letzte entscheidende Schritt, die psychologische Deutung, d. h. die Aufgabe, die amplifizierte Geschichte in psychologische Sprache zu übersetzen. Dabei entsteht die Gefahr, halb im mythologischen Ausdruck steckenzubleiben, d. h. in der Paraphrase. So heißt es dann etwa: »Die furchtbare Mutter wird vom Helden besiegt.« Das ist nicht korrekt, es sollte heißen: »Die Inertie des Unbewußten wird von einem Impuls zu höherer Bewußtheit überwunden.« Das ist strikt psychologische Ausdrucksweise. Nur dann zeigt es sich, ob wir das Motiv wirklich deuten können.

Wenn man nun aber kritisch eingestellt ist, könnte man einwenden: »Gut, aber so ersetzen wir einfach einen Mythos durch einen anderen – durch den Jungschen Mythos sozusagen.« Da läßt sich nur erwidern: »Ja, das ist es, was wir tun, ganz bewußt. Und wir wissen, daß, wenn jemand unsere Deutung in 200 Jahren liest, er lachend bemerken wird:

Merkwürdig, die haben doch damals tatsächlich die Märchen in die Jungsche Psychologie übersetzt.« Dann werden die Menschen eine neue Interpretation gefunden haben, mit der unsere heutige Interpretation überwunden ist. Sie wird dann als »überholt« gelten und nur noch ein Beispiel dafür sein, wie das betreffende Material zu unserer Zeit betrachtet worden ist. Wir sind uns dieser Möglichkeit durchaus bewußt, wir wissen, unsere Deutung ist relativ, nicht absolut »richtig«. Aber wir deuten Märchen trotzdem und für denselben Zweck, für den Märchen und Mythen immer erzählt wurden: Weil es eine belebende Wirkung hat und uns befriedigt und weil es uns in positive Beziehung zu unserer unbewußten Instinktgrundlage bringt, wie es Märchenerzählen schon immer tat.

Psychologische Deutung ist *unsere* Art, Märchen zu erzählen. Wir haben noch immer ein Bedürfnis danach und sehnen uns nach der seelischen Erneuerung, die aus dem Verstehen archetypischer Bilder fließt. Wir wissen, daß es einfach *unser* Mythos ist.

Wir erklären X durch Y, weil Y uns »einleuchtet«. Das wird vielleicht einmal nicht mehr so sein, und wir werden ein Z für die Erklärung brauchen. Deshalb sollten wir unsere Deutung nie mit dem Unterton: »So ist's« vorlegen, dies wäre unehrlich. Wir können höchstens sagen, daß das Märchen in psychologischer Sprache das und das darzustellen *scheine,* und es in psychologischer Sprache beschreiben. Das Kriterium ist dann nur: Leuchtet es mir und anderen Leuten ein? Sind meine eigenen Träume mit meiner Deutung einverstanden? Wenn ich Märchen deute, beobachte ich immer meine Träume – wenn sie einverstanden sind, weiß ich, die Deutung ist recht – in bezug auf meine eigene Natur. Wenn meine eigene Seele nicht einwendet, ich hätte dies oder jenes noch nicht oder nicht richtig gesehen, so weiß ich, daß ich nun nicht weiter gehen kann. Vielleicht steckt noch mehr in der Geschichte, aber *ich* habe meine Grenzen erreicht. Ich kann nicht über mich hinaus. Dann bin ich zufrieden, satt von dem, das ich verdauen konnte. Vielleicht hat es noch mehr Nahrung in der Geschichte, aber ich kann es psychisch nicht mehr oder noch nicht integrieren.

Märchen als Anweisungen zur Konfliktbewältigung

Es sollte klar geworden sein, daß ein solcher Umgang mit Märchen auf einen psychischen Entwicklungsprozeß abzielt, der, durch die Einsicht in die Mechanismen und Prozesse der menschlichen Seele, wie sie sich im Traum und im Märchen präsentieren, positiv beeinflußt werden soll. Somit wird die Praxis der Jungschen Lehre zum Ausgangspunkt von Vorstellungen, wie sie beispielsweise Ch. Bühler und J. Bilz 1971 in ihrem Aufsatz ›Das Märchen und die Phantasie des Kindes‹ entwickelt haben. Ohne damit einer ausführlichen Erörterung des Problemzusammenhangs »Kind und Märchen«, dem das übernächste Kapitel gewidmet ist, vorzugreifen, läßt sich sagen, daß diese beiden Autoren das Märchen als Mittel betrachten, jene Ängste und Schrecken zu verarbeiten, die sich zwangsläufig beim Reifungs- und Individuationsprozeß des Menschen ergeben. So interpretieren sie denn auch seine »Grausamkeiten« als Spiegelungen der sich im Seelenleben abspielenden Ungeheuerlichkeiten. Enger faßt Walter Scherf in seinen Untersuchungen, die vor allem von Zaubermärchen ausgehen, diesen Tatbestand. Für ihn sind Märchen »zeitenthobene Psychodramen, in denen die psychisch notwendigen Ablösungsvorgänge des Kindes von der Familie symbolisch vorgespielt werden«.

Untersuchungsmaterial waren dabei, wie er in einem Vortrag aus dem Jahr 1981 berichtet, immerhin 200 klassische Märchentexte, die er den Sammlungen von Grimm, Perrault, Bechstein und in geringem Umfang auch denen von Afanasev, Asbömsen, Moe Grundtvig und Jacobs entnahm. Er stellte dabei fest, daß schon in den Eingängen, also in den ersten Sätzen der Märchen, der jeweils später ausführlich thematisierte Konflikt zwischen Kindern und Eltern klar abgebildet wird. »Etwa 50% (der Märchen) beginnen mit einem Sohn-Vater-Konflikt, etwa 20% mit einem Tochter-Vater- bzw. mit einem Tochter-Mutter-Konflikt und etwa 10% mit einem Sohn-Mutter-Konflikt.«

Nach einer detaillierten Analyse der einzelnen Märchen kommt Scherf zu der Feststellung:

»Was der Zuhörer oder Leser vom Zaubermärchen erwartet, muß wohl ein Ablösungskonflikt sein. Die oft heftige Erwartung entspringt dem Bedürfnis, sich in die Rolle eines verkannten, mißachteten, verfolgten, vor die Tür gesetzten oder eines festgehaltenen, nicht freigegebenen von fehlgeleiteten Ansprüchen belasteten jungen Menschen zu versetzen, die angebotenen Spielfiguren der Mutter und schlimmeren Stiefmutter, der tyrannischen oder schwachen Väter projektiv zu den eigenen Eltern werden zu lassen und sie möglicherweise sogar in zwei Rollen ein- und derselben Person gegeneinander aufzuspalten: in die gute Seite, wie sie aus Zeiten früherer Geborgenheitserlebnisse vertraut ist, und in die schlimme und unverständliche Seite, wie sie dem jungen Menschen in seinen naturnotwendigen Ablösungskonflikten unmittelbar gegenüberzustehen scheint oder tatsächlich gegenübersteht.«

Nun klingt es durchaus einleuchtend, daß Familienbeziehungen eine so wichtige Rolle im menschlichen Leben spielen, daß sie zum zentralen inneren Thema von Märchen geworden sein könnten.

Walter Scherf schreibt an anderer Stelle:

»All das (gemeint sind die entsprechenden Situationen im Märchen) entspricht Zug um Zug dem, was ein Kind tausendfach in den sogenannten glücklichen Jahren der Kindheit durchzustehen hat: die innere Geborgenheit zu verlassen, in der unbekannten riesenhaften Welt sich zurechtzufinden; rätselhafte Gefahren zu bestehen; grausamen Erwachsenen ausgeliefert zu sein; zu entdecken, daß selbst die eigene Mutter, deren Schwächen und Fehler man immer wieder zudeckt mit Projektionen fanatischer Liebe, genau besehen zwei Gesichter hat: ein gutes und ein böses ...«

Meiner Ansicht nach wird damit allerdings kein unbedingt überzeugender Beweis geliefert, daß Märchen immer und zu allen Zeiten auf Kinder bezogen waren. Denn all das, was da skizziert wird, sind ja auch, nur von der anderen Seite her, Probleme der Erwachsenen oder Eltern.

Freilich kann man darauf hinweisen, daß es bei einer Geschichte immer entscheidend darauf ankomme, wer die Hauptperson sei, welche Gestalt oder Gestalten vor allem zur Identifizierung einladen, und das sind in vielen Fällen tatsächlich der jüngste Bruder, der junge Prinz, die junge Prinzessin und erst in zweiter Linie der König oder die Königin oder die Eltern in Hänsel und Gretel oder die Hexe.

Dem läßt sich aber, ebenfalls von der Identifizierungsmöglichkeit her argumentiert, entgegenhalten, daß unter Umständen für einen alten oder zumindest nicht mehr kindlichen Menschen der junge Prinz oder die Prinzessin, also Personen, die ihr Leben und ihre Entwicklungsmöglichkeiten noch vor sich haben, interessanter sein könnten als Helden, die mit ihm gleichaltrig sind.

Wenn die Märchen gewissermaßen Harmonisierungsmöglichkeiten der in der menschlichen Psyche ständig in Konflikt geratenden Kräfte »vorspielen«, dann sind Menschen aller Lebensalter solcher Sinnspiele grundsätzlich bedürftig und nicht nur Kinder. Es wäre also noch näher zu prüfen, ob sich in den Märchen eben nur »Ablösungskonflikte« spiegeln oder ob sich nicht auch Konflikte anderer Alterspochen darin abbilden.

Eine dem Ansatz bei Walter Scherf ähnliche Position ist von W. Hartmann-Winkler in dem 1970 erschienenen Aufsatz »Lebensbewältigung im Kinderbuch« vertreten worden. Demnach diene »das Märchen weniger der Bewältigung der äußeren Umwelt«, dies sei nach Ansicht dieser Autorin mehr die Funktion der modernen Kindergeschichte, als der »Einübung zwischenmenschlicher Verhaltensweisen«. Im Märchen erlebe das Kind spielerisch alterstypische Konflikte- und Problemlösungsstrategien.

Bei letzteren Methoden der Märchendeutung und -analyse scheinen als Einflüsse, neben den klar erkenntlichen aus dem Bereich der Psychoanalyse Freuds und Jungs, zwei weitere Vorstellungen als Bestärkung für die Richtigkeit des Ansatzes eine Rolle gespielt zu haben:

Einmal die Erkenntnis, daß der im Märchen sich abbildende Bewußtseinszustand einer bestimmten Reife- und Entwicklungsstufe der Menschheitsgeschichte und parallel dazu des menschlichen Lebens entspreche, zum anderen der autoritätsträchtige Umstand, daß schon die Brüder Grimm, wie sich das im Titel ihrer bekannten Sammlung ausdrückt, Märchen als für Kinder bestimmt ansahen, ja, sie die Märchentexte ihres Buches von Auflage zu Auflage immer »kindgerechter« zu gestalten versuchten. Hinter dem, was »kindgerecht« sei und was nicht, was für die Sozialisation zugelassen und was ausgeschaltet oder ferngehalten werden solle, steht – bewußt oder unbewußt - eine ideologiegetränkte Vorstellung. Von daher wird – gewissermaßen zur Kritik und Balancierung der mit der psychologisch-symbolischen Methode erreichbaren Ergebnisse – der historisch-sozial-ideologiekritische Aspekt wichtig, der von einem materialistischen Ansatz her in den letzten Jahrzehnten variations- und einfallsreich entwickelt und ausgebaut worden ist. Daß dabei durchaus Vorstellungen der anthropologischen und psychoanalytischen Methoden mit verarbeitet worden sind, ist für mich nur ein Hinweis mehr darauf, daß man als Laie gut daran tut, sich vorurteilsfrei mit möglichst vielen analytischen Ansätzen zu befassen. Wo eine der im Ansatz divergierenden Schulen der anderen durch dogmatische Bannflüche oder grobschlächtige Polemik lautstark jegliche Berechtigung abzusprechen versucht, ist dies nicht selten ein Indiz für Schwachstellen in deren eigenem System.

Die materialistisch-historische Methode

Dreierlei haben die Vertreter dieser Richtung der Märchenanalyse klarzustellen versucht:

1. Märchen als Volksmärchen sind in einer bestimmten historischen und gesellschaftlichen Situation entstanden, und zwar in der Unterschicht. Die Interessenlage dieser sozialen Schicht ist in die Märchen mit eingegangen und zumindest teilweise noch an ihnen ablesbar.

2. Bei der schriftlichen Fixierung der über lange Zeiten mündlich weitergereichten Märchenstoffe, die, was Mitteleuropa angeht, vor allem gegen Ende des Feudalismus bzw. zu Beginn des bürgerlichen Zeitalters geschah, ist die »Botschaft« der Volksmärchen häufig stark verändert worden. Seit Anfang des 19. Jahrhunderts wurden Märchen mit einer ganz bestimmten gesellschaftlichen Funktion zu Kinderliteratur, was sie durchaus nicht immer gewesen sind.

3. Es ist möglich, die ideologischen Absichten der Sammler und Herausgeber klar herauszuarbeiten und aufzudecken. Gerade die berühmtesten und prestigeträchtigsten frühen Sammlungen in Frankreich (Perrault) und in Deutschland (Grimm) stellen in diesem Zusammenhang ein wichtiges Untersuchungs- und Anschauungsmaterial dar.

Die Frage nach dem Ursprung und den frühesten Erfindern der Märchenstoffe hat sich für diese »Schule« nie als vorrangig gestellt. Die in der DDR zeitweise vertretene Vorstellung, Märchen seien, was ihre Ursprünge angeht, »Kollektivschöpfungen des Volkes«, ist inzwischen dort aufgegeben worden. Statt dessen wird nun die Ansicht vertreten, sie seien ursprünglich das Werk einzelner, das mit den Interessen des Volkes übereinstimme. Eben wegen dieser Übereinstimmung habe ihre Tradition stattgefunden. In der Weitergabe seien die Stoffe ständig aktualisiert worden. (So in ›Literaturunterricht 5. Klasse. Fachwissenschaftliche und methodische Anleitung‹, Berlin 1970)

Dieter Richter und Johannes Merkel schreiben in ihrem Buch ›Märchen, Phantasie und soziales Lernen‹ (Berlin 1974):

»Das Märchen ist ursprünglich von Erwachsenen (in Deutschland ebenso oft von Männern wie Frauen) für Erwachsene erzählt worden. Die Erzähler gehörten durchweg den ärmeren Kreisen an, waren Dienstleute, kleine Pächter, Tagelöhner, Landarbeiter, Handwerker, Schäfer, Fischer, Matrosen und Bettler. Es sind die ländlichen Unterschichten, die Märchen hören und weitererzählen.«

Von den Vertretern der materialistisch-historischen Methode wird davon ausgegangen, daß die Volksmärchen bzw. ihre Motive auf Rituale, Sitten und Gesetze einer primitiven oder vorkapitalistischen Gesellschaft zurückgehen (Gerhard Kahlo). Jack Zipes spricht davon, daß jede historische Epoche und jede Gemeinde (community) die Volksmärchen entsprechend ihren Bedürfnissen beim Weitererzählen abgeändert habe. »Als die Märchen dann im späten 18. und frühen 19. Jahrhundert als literarische Texte aufgezeichnet wurden, enthielten sie in ihrer ästhetischen Komposition und in ihrem symbolischen Verweissystem viele primitive Motive, spiegelten aber im wesentlichen die spätfeudalistischen Zustände.«

Nicht ohne Grund bemerkt Zipes in seinem Aufsatz ›Once there was a Time, An Introduction to the History and Ideology of Folk and Fairy Tales‹ (in: ›Breaking the Magic Spell‹, London 1979), man dürfe die Vorstellung von »Volk« in diesem Zusammenhang nicht mystifizieren. Volk repräsentiere da weder das Gute schlechthin, noch unbedingt revolutionäre Kräfte. »Soziologisch betrachtet ist unter ›Volk‹ die überwiegende Mehrheit der damaligen Menschen zu verstehen. Sie arbeiteten zumeist in der Landwirtschaft, waren ungebildet, standen mit ihrer Kultur in Opposition zu der Kultur der herrschenden Klasse. Sie teilten deren Ideologie, betrachteten diese jedoch von einem anderen Klassenstandpunkt her.«

Überzeugende Modellfälle für die Plausibilität des Ansatzes der historisch-materialistischen Methode liefert Zipes mit seinen Nachforschungen über die Ursprünge der in den von Giambattista Basile und Charles Perrault in den Sammlungen ›Das Pentameron‹ (1634-36) und ›Histoires ou Contes du Temps Passé‹ (1696-97) veröffentlichten Texte. Beide Sammlungen fallen in den jeweiligen Ländern Italien und Frankreich in eine Periode des

Übergangs der Klassenherrschaft vom Feudalismus zum Bürgertum.

In beiden Fällen wird selbst einem Laien, der diese Texte vielleicht nur in Übersetzungen nachlesen kann, bald klar, daß sich bei der schriftlichen Fixierung der zuvor lange mündlich weitergereichten Stoffe damit der Übergang vom Volks- zum Kunstmärchen ereignet hat.

In Abwandlung des sonst üblichen Sprachgebrauchs hat Zipes in seinen Aufsätzen vorgeschlagen, für mündlich tradierte Märchen den Ausdruck »folktale« (Volksmärchen) zu verwenden, während er nach einer schriftlichen Fixierung die Bezeichnung »fairy tale« für angebracht hält, deren deutsche Übersetzung er mit »Kunstmärchen« angibt. Eine solche Nomenklatur scheint eigentlich nur konsequent, nachdem unterdessen bekannt ist, welche Eingriffe die berühmten Sammler und Editoren in den verschiedenen Ländern Europas an den Texten vorgenommen haben.

Erzählstil, Sichtweise und gesellschaftliches Bewußtsein sind nun nicht mehr (zumindest nicht mehr ungebrochen) die der Unterschicht, sondern sind abgestimmt auf jenes Publikum, von dem man erwartet, daß es solche Geschichte goutiert und kauft.

Im Frankreich des 18.Jahrhunderts lösten »Kunstmärchen« in der Nachfolge Perraults eine regelrechte Zeitmode in Form von Feengeschichten aus. Verfasserinnen dieser Bücher waren Damen aus der Aristokratie.

Zipes zeigt am Beispiel des bekannten Märchens ›Die Schöne und das Untier‹ wie weit die ideologische Umdeutung des ursprünglichen Volksmärchens in diesem Fall ging und was man in diesem Zusammenhang unter »Instrumentalisierung der Phantasie« zu verstehen hat.

Das Märchen scheint auf primitive Fruchtbarkeiten zurückzugehen, bei denen Jungfrauen und Jünglinge geopfert wurden, um einen Drachen zu besänftigen, der drohte, sonst über das Land eine Dürre hereinbrechen zu lassen.

In Höhlenzeichnungen aus der Steinzeit beten Menschen Tiere als Beschützer an. Es gab weiterhin die Vorstellung, daß Menschen, nach ihrem Tod als Tiere oder Pflanzen wiedergeboren, in die soziale Ordnung eingreifen könnten.

1740 veröffentlichte Madame Gabrielle-Suzanne de Villeneuve in ›Les Contes Manns‹ ihre immerhin sich über 362 Seiten hinziehende Fassung von ›Die Schöne und das Untier‹. 1756 erschien von Madame Le Prince de Beaumont in dem ›Magasin de enfans, ou dialogues entre une sage gouvernante et plusieurs des ses élèves‹ eine etwas kürzere Fassung desselben Stoffes.

»Beide Versionen«, schreibt Zipes, »sind didaktische Geschichten, die die ursprünglichen Bedeutungen der Volksmärchen-Motive völlig entstellen und darauf aus sind, den aristokratischen Lebensstandard im Gegensatz zu den angeblich kraß vulgären Wertvorstellungen des aufstrebenden Bürgertums zu rechtfertigen. Die Botschaft dieser aristokratischen Geschichte besteht darin, die Bourgeoisie auf ihren Platz zu verweisen ... Die Geschichte handelt von einem reichen Kaufmann, dessen Kinder hochmütig werden, weil die Familie zu Geld kommt. Tatsächlich streben, mit Ausnahme der Schönen, alle Kinder über die Grenzen ihrer Klasse hinaus. Deswegen muß die Familie bestraft werden. Der Kaufmann verliert sein Geld und sein soziales Ansehen. Die Kinder werden gedemütigt. Aber besonders die beiden älteren Töchter bleiben hochmütig und weigern sich, dem Vater beizustehen, der Anstrengungen unternimmt, um seine Verluste wieder wettzumachen. Nur Belle, die Schöne, die jüngste Tochter, zeigt Bescheidenheit und einen Hang zur Selbstaufgabe. Und nur sie ist deswegen auch in der Lage, ihren Vater zu retten, als dieser in Gefahr gerät, sein Leben zu verlieren, indem er sich gegenüber dem Untier (d. h. dem Adel) vergeht. Ein Musterbeispiel an Fleiß, Gehorsam, Milde und Keuschheit, erlöst die Schöne ihren Vater, indem sie sich bereit erklärt, mit dem Untier zu leben. Sie läßt sich beeindrucken von der edlen Wesensart des Untiers (der Augenschein täuscht, was man übersetzen muß mit: Aristokraten mögen sich manchmal viehisch benehmen, aber sie haben dennoch ein gutes Herz und beste Umgangsformen). Sie willigt ein, das Untier zu küssen und es zu heiraten. Plötzlich verwandelt es sich in einen schönen Prinzen. Der Leser erfährt, dieser sei verdammt worden, so lange ein Untier zu bleiben, bis eine schöne Jungfrau einwillige, ihn in dieser Gestalt zum Manne zu nehmen. Nun mischt sich also die gute Fee ein. Sie belohnt die

Schöne, weil sie Tugend über Geist und Schönheit gestellt hat, während ihre Schwestern für ihren Stolz, ihr Aufbegehren, ihre Schlemmereien und ihre Faulheit bestraft werden. Sie werden in Statuen verwandelt, die nun vor dem Palast der Schwester stehen. Gewiß als Warnung gegenüber allen bourgeoisen Emporkömmlingen, die über den ihnen in der Gesellschaft (nach Meinung der Herrschenden) zukommenden Platz hinauswollen und ihren Ehrgeiz nicht zügeln konnten.«

In der Tat, mit der ursprünglichen Geschichte hat diese Version nicht mehr viel gemein. Aus einem auf einer Mythe beruhenden Volksmärchen ist eine Geschichte geworden, dazu gedacht, den Sozialisationsprozeß von Kindern und Heranwachsenden in Hinblick auf die Wertvorstellungen der Herrschenden zu beeinflussen. Eine Frage, die Zipes weiter nicht verfolgt, wäre nun freilich, warum für eine didaktische Geschichte dieser Art als Ausgangspunkt gerade ein Märchen gewählt wurde. Es wäre ja auch denkbar, daß Madame de Villeneuve und Madame Le Prince de Beaumont zur Indoktrination der Kinder und Jugendlichen mit einer bestimmten, in ihren Augen wünschenswerten Moral sich selbst eine Geschichte ausgedacht hätten, statt auf ein Volksmärchen zurückzugreifen. Mit dem Hinweis auf die damals herrschende Zeitmode der Feengeschichten scheint mir die Fragestellung nur teilweise beantwortet. War es wirklich nur die freilich in diesen Versionen sehr deutlich durchschimmernde ideologische Botschaft? Oder gab es darüber hinaus auch noch andere Momente, die dazu führten, daß Feengeschichten zu dieser Zeit und in dieser Gesellschaft in Mode kamen?

In einem 1982 erscheinenden Buch hat Jack Zipes übrigens die Veränderungen eines Märchenstoffes (Rotkäppchen) durch die Zeiten in verschiedenen Nationen und Gesellschaftssystemen verfolgt. Er hat damit an einem Stoff deutlich werden lassen, wie die Phasen der Veränderung eines Motives nicht nur in der oralen, sondern auch in der literarischen Tradition ablaufen.

Einen anderen Weg, die bei der Bildung und Tradierung von Märchen ständig wirksamen und Einfluß nehmenden Phantasiemechanismen vorstellbar werden zu lassen, sind Dieter Richter und Johannes Merkel gegangen. Sie fragen, was eigentlich von der so häufig vertretenen Ansicht zu halten sei, im Märchen breche »das Jenseits ins Diesseitige ein«, oder anders ausgedrückt: das Märchen habe immer »einen irgendwie religiösen oder mythischen Anstrich«. Die Autoren beginnen mit der Feststellung, daß die Ausgangssituation bei Volksmärchen – oder solchen »Kunstmärchen«, die durch die schriftliche Fixierung gegenüber der oralen Version noch nicht entscheidend verändert wurden – immer realistisch ist. Im Laufe der Handlung werde dann die Welt in ihrem realen Sosein derart verändert, »daß der Held endlich glücklich darin leben kann«. Die häufig in Volksmärchen auftauchenden »magischen Helfer« seien die »zu Figuren gewordenen Wünsche«. In der Antwort auf ihre Frage kommen Richter und Merkel zu der Antwort:

»Das eigentlich Unwirkliche des Märchens, das Magische, wenn man so will, besteht also strenggenommen hauptsächlich darin, daß es von einem wirklichkeitsnahen Ausgangspunkt wirklichkeitsnahe Einzelteile so zusammenmontiert, daß ein glücklicher Ablauf entsteht, wie er in der Lebenswelt der Hörer nie Wirklichkeit werden könnte.«

Insofern sehen Richter und Merkel auch eine gewisse Ähnlichkeit zwischen dem Phantasiemechanismus des Volksmärchens und der Traumtheorie Sigmund Freuds. Freud hat die Entstehung von Träumen durch im Wachzustand nicht auslebbare Triebregungen erklärt. Dabei werden Erlebnisse des Wachzustandes (Tagesreste) benutzt, um dieses Defizit im Traum gewissermaßen hinter dem Rücken des Bewußtseins im Schlaf zur Geltung zu bringen.

Der Unterschied zwischen Märchen und Träumen bestehe darin, »daß der zugrundeliegende, märchenhaft erfüllte Wunsch« meist »sehr handfeste Ursachen« habe und viel deutlicher ins Bewußtsein trete, als dies beim Traum der Fall sei. Gegen die von Jung ausgehende Methode der Märchenanalyse, die ja auch, wenngleich auf völlig andere Art und Weise, Märchen und Traum miteinander in Beziehung setzt, grenzen sich Richter und Merkel entschieden ab.

Man könne das Märchen, so schreiben sie, deswegen nicht ohne weiteres mit Begriffen der Traumdeutung erfassen, weil es eben nicht aus den Erlebnissen und der psychischen Disposition eines Individuums entstehe, sondern viel allgemeinere soziale Erfahrungen verarbeite und auch der zugrundeliegende Wunsch viel stärker in die Strukturen der Wirklichkeit integriert werde.

Andererseits sehen sie dann aber doch wieder Ähnlichkeiten zwischen den Phantasiemechanismen des Märchens und den »psychoanalytischen Feststellungen« über die menschliche Seele:

»Auch die grundlegende glückliche Veränderung in Volksmärchen können wir ja nirgendwo örtlich oder zeitlich konkretisieren, und das berühmte ›Es war einmal‹ bezeichnet ebenso eine diffuse, vielleicht glücklichere Vergangenheit wie die Möglichkeit einer fernen, besseren Zukunft. In jedem Fall hat das Märchenglück zugleich eine Art psychische Gegenwärtigkeit« (in: ›Märchen, Phantasie und soziales Lernen‹, Berlin 1974).

Die Frage, wie aus dem Volksmärchen aus ideologischem Interesse via Kunstmärchen Kinderliteratur wurde, die bei der Auseinandersetzung Zipes mit Perrault und seinen aristokratischen Nachfolgerinnen schon berührt worden ist und mit der sich im deutschsprachigen Raum neben Richter und Merkel vor allem auch Melchior Schedler und Otto F. Gmelin unter Einsatz eines teils von Marx, teils von Freud herstammenden Begriffsinstrumentariums beschäftigt haben, soll hier zunächst einmal zurückgestellt werden.

In einer Darstellung der Ansätze von Märchenanalysen nach einer materialistisch-historischen Methode darf aber an dieser Stelle jene Definition nicht übergangen werden, die Otto F. Gmelin 1972 in seiner Kampfschrift ›Böses kommt aus Kinderbüchern‹ gegeben hat. Er schreibt dort:

»Märchen sind also keine freien Phantasiegeschichten, sondern wie alle sprachlichen Gebilde konkrete, historisch bedingte, ökonomisch notwendige Handlungsanweisungen für Kinder und Erwachsene. Sie spiegeln historische Zustände und Familiensituationen wider. Mehr: Sie sind Diktate zur Arbeitsanweisung, die notwendig aus einer historischen Situation und ihrer ökonomischen Produktionsweise kommen bzw. zu ihr im Wechselbezug stehen. Insbesondere sind sie auf heute bezogen immer ›falsch‹, d. h. immer ideologisch.«

An dieser Definition läßt sich erkennen, daß der Märchenbegriff dieses Autors stark psychoanalytisch beeinflußt ist und daß eine Synthese zwischen psychoanalytischen und materialistisch-marxistischen Vorstellungen versucht wird. Wenn Gmelin erklärt, daß Märchen »Diktate zur Arbeitsanweisung seien«, so kann das nicht verständlich werden, ohne die Vergegenwärtigung eines Zusammenhangs, auf den schon im Grenzbereich zwischen Psychoanalyse und Marxismus openerende Autoren in den zwanziger Jahren hingewiesen haben und dem Johannes Merkel einen Aufsatz mit dem Titel ›Wirklichkeit verändernde Phantasie oder Kompensation durch phantastische Wirklichkeiten?‹ (in: ›Die heimlichen Erzieher‹, Reinbek 1974) gewidmet hat. Vereinfacht ausgedrückt, geht es um folgenden Tatbestand: In einer bürgerlich-kapitalistischen Gesellschaft dürfen die Früchte der hohen Arbeitsleistung nicht völlig konsumiert, sondern müssen in hohem Maße zu Investitionen genutzt werden. Das macht Wunsch- oder Triebunterdrückung notwendig. Ein Wunsch- und Triebstau aber würde zu einer Ablenkung von der Notwendigkeit des Produzierens führen. Also müssen die so »zurückgestauten Triebenergien auf andere gesellschaftlich nützliche Ziele gelenkt oder in gesellschaftlich unschädliche Bahnen abgedrängt werden«.

Die zu beobachtende Tendenz des Bürgertums, Volksmärchen in abgeänderter Form als Kinderliteratur zu verwenden, wird als der Versuch angesehen, »den unterdrückten Bedürfnissen gefahrlose phantastische Auswege in befriedigende Traumwelten« zu verschaffen bzw. schon in einem frühen Stadium den Menschen an solche »Ausweg- oder Ersatzlösungen« zu gewöhnen. Dabei ist es »allerdings Bedingung, daß diese von der wirklichen Welt als unüberbrückbar getrennt erscheinen und somit jeder Anspruch ihrer Verwirklichung (in der Realität) hinfällig wird«.

Eine solche Betrachtungsweise, d. h. die Einsicht in die Zusammenhänge von Triebverzicht, Arbeitsbelastung und der Ableitung von Triebstau in »harmlose« Traumwelten, bietet meiner Ansicht nach unter anderem auch eine Erklärung für den Massenerfolg der Bücher von Fantasy-Autoren wie J. R. R. Tolkien und Michael Ende.

Abschließend muß bei einer Darstellung über die verschiedenen Ansätze der historisch-materialistischen Märchenanalyse auf eine Arbeit hingewiesen werden, die aus dem Bereich der Frauenbewegung kommt, in der sich aber Perspektiven eröffnen, die weit über deren engeren Bereich hinausführen Heide Göttner-Abenroths Buch ›Die Göttin und ihr Heros‹ (München 1980). Abzielend auf eine umfassende und differenzierte Theorie des Matriarchats, bemüht sich die Autorin zunächst, den matriarchalen Ursprung der griechischen, ägyptischen, persisch-indischen sowie der mittel- und nordeuropäischen Mythologien wiederaufzudecken. Anknüpfend an eine Spurensicherung, wie sie, manchmal in noch recht verwirrender Form, schon Robert Ranke-Graves in ›Die Weiße Göttin‹ versucht hat, rekonstruiert Göttner-Abenroth den mit dem jahreszeitlichen Ablauf und dem Vegetationszyklus zusammenhängenden Mythos des Matriarchats, in dessen Mittelpunkt eine dreigestaltige Göttin steht, die in den den Mondphasen und Jahreszeiten entsprechenden Personifikationen einer jugendlichen Jägerin (Frühling), einer erwachsenen, mütterlichen Frau (Sommer) und einer Greisin (Winter) auftritt.

»Männliche Götter gab es«, so die Autorin, »im matriarchalischen Kosmos (überhaupt) nicht.« Der »Heros«, der irdische und sterbliche Partner und Repräsentant dieser Gottheit, wird von ihr in ihrer Mädchengestalt im Frühjahr initiiert. »Sie verleiht ihm die Würde eines sakralen Königs. Im Sommer vollzieht die mütterliche Göttin mit ihm das zentrale Fest, die Heilige Hochzeit, die Land und Meer fruchtbar werden läßt. Zu Beginn des Winters opfert ihn die Greisengöttin und führt ihn in die Unterwelt, aus der er am Anfang des nächsten Jahres wieder aufersteht. Symbolisch hat er durch sein freiwilliges Opfer nun den Tod des Kosmos überwunden (Idee des Heroischen). Deshalb ist die Sonne, die wie er ständig Untergang und Aufgang durchläuft, sein Symbol, doch im Matriarchat sekundär gegenüber dem Mond.«

Wer die 1976 und 1977 in England erschienenen Bücher von Michael Dames ›The Silbury Treasure – The Great Goddess Rediscovered‹ und ›The Avebury Cycle‹ kennt, wird von diesen Texten »spekulatorischer Archäologie« her gewiß in der Lage sein, bei sich jene Vorurteile abzubauen, die in einer patriarchalischen

Gesellschaft gegen solche Deutungsversuche immer noch bestehen. Dames gelingt es, teilweise weit ausholend und mit einer Vielzahl von Analogien im Bereich von Folklore aufwartend, glaubhaft zu machen, daß die Anlagen der Steinkreise und -alleen von Avebury und der in der Nähe liegende größte künstliche Hügel Europas, Silbury, mit an Gewißheit grenzender Wahrscheinlichkeit die Kultstätten einer von Menschen der Steinzeit (Ackerbauern) zelebrierten Religion matriarchaler Prägung gewesen sind. Nimmt man all jene von Hans Peter Duerr in seinem Buch ›Traumzeit – Über die Grenze zwischen Wildnis und Zivilisation‹ und die im Band ›Die Reise in die Anderswelt‹ versammelten Hinweise auf die Unterdrückung und das heimliche Fortbestehen eines solchen Mythos hinzu, so ergeben sich viele Indizien, die die Theorie der Autorin abstützen.

Heide Göttner-Abenroth erläutert, wie im Lauf der geschichtlichen Entwicklung, in der auf das Matriarchat folgenden Epoche des Patriarchats, unter dem Druck der herrschenden, von Männern bestimmten Ordnung aus dem Rest des alten Mythos von der dreigestaltigen Göttin Märchen wurden.

Sie setzt sich in diesem Zusammenhang auch mit der schon an anderer Stelle erwähnten Hypothese auseinander, daß Märchen als die einfachere Form früher entstanden sein müßten als Mythen, und schreibt dazu:

»Heute tendiert man wieder zur ersteren Ansicht (nämlich jener gegenteiligen, daß Märchen abgesunkene Mythen darstellten), die auch ich nachdrücklich unterstütze, da sich die Gattungsunterschiede zwischen Mythen und Märchen leicht durch den sozialen Prozeß des ›Abstiegs‹ erklären lassen. Diese Gattungsunterschiede entstanden nicht, weil ›das Volk‹ unfähig war, das komplexere Gefüge des Mythos und die mythologischen Namen im Gedächtnis zu behalten und deshalb angeblich den Aufbau versimpelte und die Gestalten typisierte, sondern weil der namentlich erzählte matriarchale Mythos in patriarchalen Gesellschaften mit ihren dogmatischen Großreligionen als ›feindlich‹ und ›heidnisch‹ galt und sich deshalb für Uneingeweihte nicht zu erkennen geben durfte. Wir brauchen zur Verbildlichung dieser Situation nur ans europäische Mittelalter zu denken mit dem langsamen und schwierigen Durchsetzungsprozeß der christlichen Kirchen gegen die älteren heimischen Religionen, die allesamt eine matriarchale Grundlage hatten. Das alte matriarchale Weltbild wurde deshalb dort, wo es ungebrochen weiterlebte: in den sozialen Unterschichten und den geographischen Randgruppen, verschleiert weitergegeben. Statt namentlich von der Muttergöttin zu reden, wird nur noch von ›der Mutter‹ gesprochen; statt von einer namentlichen Tochtergöttin oder Hohepriesterin oder Erbprinzessin nur von ›der Prinzessin‹, statt von einem namentlichen Heros nur von ›dem Helden‹.«

Nun, ohne leugnen zu wollen, daß sich in vielen Märchen Reste eines matriarchalen Mythos erhalten haben, scheint mir die Vorstellung, daß *alle* Märchen sich aus dieser Quelle herleiten, denn doch etwas übersteigert.

Die Schwierigkeit, die bei allen Theorien besteht, welche bis in die Vor- und Frühgeschichte zurückgreifen, liegt darin, daß sie materiell sich auf eine relativ geringe Anzahl archäologischer Fundstücke stützen, von denen dann wiederum viele in ihrer Aussagekraft nicht unbedingt eindeutig sind, während die folkloristischen Spuren – eben durch den oben geschilderten Prozeß der Verschleierung – sich auch immer nur unter einem hohen Anteil von Spekulationen erschließen lassen. So läßt sich gesichert zunächst wohl nur soviel sagen, daß heute die Stadien der sozialen Verteufelung, Verneinung und Vernichtung des Weiblichen in der Geschichte tatsächlich immer deutlicher zutage treten, daß auch die Märchenforschung in der Lage ist, diesen Prozeß zu erhellen und somit ihren Beitrag zur Vertiefung und Erweiterung zu einer auf Emanzipation hin zielenden Bewußtseinsbildung zu leisten.

III.
Untersuchung
von Märchenmotiven

Beispiel: Der Feenglaube der keltischen Völker
und sein kultureller Kontext

Von besonderer Bedeutung innerhalb der Märchenvielfalt der keltischen Länder Europas (Irland, Schottland, Bretagne, Wales) sind Texte, in denen sich der Feenglaube ausdrückt.

Es gibt in der Folklore der insularen Kelten ein Reich, das man vergeblich auf einer Landkarte sucht. Es heißt englisch »Otherworld«, übersetzt »Anderswelt«. In den verschiedenen Texten taucht es unter der Bezeichnung »Land der Ewigen Jugend«, »Land hinter den Wellen«, »Insel der Seligen«, »Land der Frauen«, »Welt der Hoffnung«, »Reich des Versprechens« auf.

Bewohnt wird die Anderswelt von Feen: dem Lepracaun, dem Phooka, dem Clurican, der Banshee, den Merrows, Brownies, Hobgoblins, dem Nicht Nocht Naethin, der Neman, dem Nucklelavee und wie die verschiedenen Geschöpfe unter dem »kleinen Volk« noch alle heißen. Es gibt Bäume in dieser anderen Welt, die Zauberbäume sind und an deren Namen geheimes Wissen geknüpft ist. Eiche und Esche, Apfelbaum und Haselnußstrauch, Stechpalme und Weide, Erle und Buche. Tiere trifft man dort, die es nirgends anderswo gibt: den Cu Sith, ein fürchterliches Geschöpf, der von den Feen gern als Wachhund gehalten wird, Wasserpferde, Elfenkälber, den Afanc, der einem riesigen Biber gleicht, den Boobrie, einen übergroßen Wasservogel, schneeweiße Hunde mit roten Ohren, Forellen mit silbernen Schuppen, Lachse, mit deren Genuß man die Weisheit der Anderswelt in sich aufnimmt.

Es ist keine Welt des Müßiggangs und der Tagträume. Sterbliche, die einen Feenhügel betraten und nach Jahr und Tag den Weg zurück in unsere Welt fanden, wußten zu berichten, daß sich die Feen mit ganz ähnlichen Beschäftigungen abgeben wie die Menschen. Die Frauen spinnen und weben, backen und kochen, die

Männer schlafen, trinken, tanzen, reißen Witze, fiedeln und spielen den Dudelsack. Feen gelten als geschickte Bootsbauer, manche wissen um verborgene Schätze, von anderen ist nicht mehr oder weniger zu erwarten, als daß sie die Küche putzen und den Herd scheuern.

Zwischen den Sterblichen und den Feen, zwischen der realen und der Anderswelt bestanden und bestehen enge Beziehungen.

Nicht nur der des Büffelns und Lernens überdrüssige Mönchsschüler Elidor in Schottland gelangte hinüber in die Anderswelt und, mit einem goldenen Ball, auch wieder zurück.

Da ist, ebenfalls in Schottland, Thomas Rymour von Erceldoune, der an einem Maitag sich im Wald im Gras ausstreckte und in die Wipfel der Bäume und auf die darüber hinziehenden Wolken blickte.

Einer schönen Frau begegnet er. Sie reitet auf einer milchweißen Stute. Am Zaumzeug hängen kleine Glöckchen. Erst hält er die Dame für die Himmelskönigin. Aber sie weist ihn zurecht. Die Königin des *fair elfland*, des Feenlandes, sei sie. Bewundernd starrt Thomas sie an. Sie läßt sich von ihm küssen. Sie verführt ihn dazu, mit ihr zu schlafen. Er wird in grünes Tuch gekleidet. Er bekommt ein Paar Schuhe aus grünem Samt. Er steigt hinter ihr aufs Pferd. Fort geht's in die Anderswelt. »*And till seven years were past and gone*« (und bis auf Erden nicht sieben Jahre vergangen), heißt es in einer schottischen Ballade aus dem 14. Jahrhundert, *true Thomas on earth was never seen* (ward der wahrsprechende Thomas auf Erden nicht mehr gesehen).

Ein irischer Spielmann, ein Dudelsackpfeifer, folgt den Feen in eine ihrer Hügelwohnungen. Als Dank befreien sie ihn von seinem scheußlichen Buckel. Aber ein anderer Buckliger, der ebenfalls sein Glück in der Anderswelt und bei den Feen versuchen will, kommt gleich mit zwei Höckern auf dem Rücken wieder zurück.

Der Wanderarbeiter Rhys in Wales, der sich mit einem Freund auf dem Heimweg befindet und am Rand eines Feenringes vorbeikommt, hört Musik und Tanzschritte. Es zuckt und juckt ihn unter den Fußsohlen. Er ist sich der Gefahr, in die er sich begibt, durchaus bewußt. Er kann nicht widerstehen. Er muß mittanzen. Für seinen Freund und Weggefährten löst er sich in Luft auf. Der arme Kerl gerät in der Welt der Menschen in Verdacht, Rhys ermordet zu haben. Nach einem Jahr und einem Tag schleicht er sich in den Feenring. Mit allerlei Bannzauber holt er den Freund zurück ... und der vermeint, nicht länger als fünf Minuten bei den Feen getanzt zu haben.

Lassen Sie mich hier einen Exkurs über die *Zeit* im Feenland einfügen: In der ganzen Welt, wo immer Geschichten von Feen oder von Jenseitswelten aufgefunden wurden, herrscht in diesen eine ähnliche Relativierung von Zeit wie im Traum oder im Trancezustand. Während im Traum zeitlich weit auseinanderliegende Ereignisse durchmessen werden, ist es bei der Trance gerade umgekehrt, hier kann sich einziger Gedankengang über mehrere Stunden hinziehen. Genau diese – gemessen an der realen, der Uhrzeigerzeit – ungewöhnlichen Vorgängen, reproduzieren die Geschichten von Besuchen im Feenland oder in der Anderswelt. In welchem Verhältnis die Zeit in der Welt der Sterblichen und der Anderswelt auch asynchron verläuft, die Zeit der Sterblichen und die Zeit in der Anderswelt der Feen stehen miteinander in Zusammenhang. Der Tänzer im Feenkreis wird fast immer nach einem Jahr und einem Tag oder nach genau einem Jahr gerettet. Zwei Monate in der Anderswelt können bei den Sterblichen 200 Jahre bedeuten, eine Stunde eine Nacht und einen Tag. Auch die Jahreszeiten sind außerordentlich wichtig. Der 1. Mai, Mittsommernacht, Halloween sind Zeitpunkte, an denen die Tore zwischen den Welten offen stehen. Für jeden, der das Buch gelesen hat, unvergeßlich, hat dies der irische Dichter James Stephens in seinem phantastischen Roman *In the Land of the Youth,* von mir übersetzt im Eugen Diederichs Verlag unter dem Titel »*Maeves Fest*«, dargestellt.

Für die meisten Sterblichen, sie mögen kurz oder lang im Feenreich gewesen sein, enden solche Ausflüge in die Anderswelt tödlich. Wenn sie zurückkommen, legt sich das Gewicht all der Zeit, die im Diesseits verstrichen ist, auf ihre Schultern, und sie zerfallen zu Staub und Asche.

Besonders gefährlich ist es für Sterbliche, Feennahrung zu sich zu nehmen, über die wir auch wohl informiert sind:

Die kleinen Feen in Worcester, England, backen kleine köstliche Kuchen, die sie irdischen Wohltätern anbieten. Jene Feen, die in den Geschichten von Brownies vorkommen, leihen sich von den Sterblichen oft Getreide, das sie ehrlich zurückzahlen. Nach den Feengeschichten in J. G. Campbells *Superstitions of the Highlands and Islands of Scotland* borgen sie sich Hafermehl und geben dafür das doppelte Maß Geste zurück. Gerste scheint die bei ihnen übliche Getreidesorte zu sein. Wenn Feen menschliche Nahrung stehlen, dann immer das besonders Leckere. Was an ihrer Tafel als besonders köstliche Speise erscheint, erweist sich, bringt man es in die Realität, häufig als Unkraut oder aus Blättern. Das Unkraut spezifiziert Campbell genauer als Wurzeln der Silberdistel und Stengel von Heidekraut. Dazu werde Milch von Rotwild und Geißen getrunken. In einer der von Lady Wilde gesammelten Feengeschichten entpuppt sich das als wohlschmeckender Braten zum Feenbankett servierte Fleisch beim Ausflug eines neugierigen Irdischen in der Feenküche als der Leichnam einer alten Hexe.

Die Herkunft des an Feennahrung gebundenen Tabus führt zu einer Quelle, aus der sich der Feenglaube unter anderem auch speist. Das Tabu ist nicht in Irland, Schottland, Wales oder der Bretagne zuerst vorhanden, sondern begegnet uns in einer griechischen Mythe. Zusammengefaßt läßt sie sich so nacherzählen:

Eines Tages, als Kore (griechisch: das Mädchen) auf einer Wiese Blumen pflückte, öffnete sich zu ihrem Entsetzen die Erde neben ihr, und Hades, der Gott der Unterwelt, kam auf einem Hengst heraus, ergriff sie und nahm sie mit in sein schreckliches Reich. Der Boden verschloß sich hinter ihm, so daß es keine Spur gab, die man hätte verfolgen können, um das Mädchen zu finden. Nur Hekate, die Möndin, hatte die beiden beobachtet. Dann erschien Demeter auf der Suche nach ihrer Tochter. Als sie nach ihr rief und keine Antwort erhielt, überfiel sie Angst. Sie hielt auf der ganzen Welt nach ihr Ausschau, aber keiner hatte Kore gesehen. Demeters Trauer war so groß, daß sie die Erde mit Unfruchtbarkeit schlug. Schließlich fragte sie Hekate, und die Möndin sagte ihr, was geschehen war. Demeter wandte sich an Zeus und verlangte, daß Hades, sein Bruder, das Kind zurückgebe. Als Zeus sah, daß sie jedes Wachstum zerstörte und daß die Menschen aussterben würden, schickte er Hermes in das Königreich des Hades, um Kore zurückzufordern; sie konnte aber nur zurückkehren, wenn sie – und nun kommt das entscheidende Motiv – im Königreich der Toten keine Nahrung zu sich genommen hatte. Hermes stieg hinab und verlangte nach dem Mädchen. Hades hatte es zur Königin seines Reiches gemacht. Ihr Name lautete jetzt Persephone. Sie war jedoch so unglücklich, daß sie angeblich ständig nur weinte und sich weigerte, etwas zu essen. Gerade aber, als Hermes sie zurück in die Welt ihrer Mutter führen will, taucht der Gärtner des Hades auf, und versichert, daß er gesehen habe, wie sie sieben Granatäpfel (in einige Versionen sind es drei Kerne) aß. Deshalb durfte sie zwar zu ihrer Mutter zurückkehren, mußte aber von nun an die Hälfte des Jahres in der Unterwelt verbringen.

Wie läßt sich nun die Verbindung von Griechenland und Irland herstellen?

Bei den keltischen Stämmen, die vor und kurz nach der Zeitenwende nach Irland einwanderten, war die Verehrung der alten Muttergottheit in Form der Triade (Jungfrau, Mutter, Alte) weitverbreitet. Hierfür nur zwei Beispiele:

Ein Steinrelief der Triade in Gestalt der Matronae findet sich in Mümling/Grumbach im Odenwald, eine besonders schöne Darstellung ist auch im Corinium Museum von Cirencester, England zu betrachten. Dort tragen zwei der Göttinnen Schalen mit Früchten, die dritte trägt ein Blech oder Brett mit Kuchen oder Brot.

Aber auch schon viel früher durch die sogenannten Kinder der Göttin Danaa, die von der Donau durch den Mittelmeerraum und Spanien nach Irland wanderten, könnte eine Vermittlung der Motive stattgefunden haben. So sind in dem aus Irland stammenden Zaubermärchen *Die Tochter des Königs über das Reich hinter den Wellen* Anklänge an die Persephone-Mythe nicht zu übersehen, die griechische Zyklopengeschichte taucht in Irland als die Mythe von Balor auf. Die Mythe von Aktaion, dem Mann, der Artemis bzw. Diana nackt bei einem rituellen Bade überrascht und dafür mit dem Leben bezahlt, könnte die mythologische Abwandlung des Schicksals eines Heiligen Königs in mediterranen Land mit einem vorhellinistischen Hirschkult sein, der am Ende seiner Regierungszeit von fünfzig Monaten, der Hälfte des Großen Jahres in Stück gerissen wurde.

Von einem ähnlich grausamen Ritus berichtet J. G. Frazer in *The Golden Bough* im Zusammenhang mit der römischen Diana Nemorensis, der Diana des Waldes, deren Heiligtum am Nemisee in den Albaner Bergen stand. Der Priesterkönig in dem Waldheiligtum gelangte durch den Mord an seinem Vorgänger in Besitz dieses Amtes und wurde später durch einen ihn Ermordenden abgelöst.

Seit kretischer Zeit war Artemis oder (römisch) Diana die Frau der wilden Dinge. Sie war aber auch *parthenos*, also Jungfrau im Sinn einer freien, keinem Mann untertanen Frau.

Die Mythologie der kontinentalen Kelten kannte eine Diana Arduinna, eine Herrin über die Tiere, der der Eber zugeordnet war, oder genauer die Bache, jenes zerstörerische Jungtier, das in mondhellen Nächten durch die Wildnis jagte und nur unter Lebensgefahr verfolgt werden konnte.

Die keltische Diana verehrte man unter anderem als Quellgöttin. Nachfolgegestalten von ihr sind jene schöne Feendame ohne Gnade, die in einer schottischen Sage Thomas Learmond (Tom der Reimer) im Schatten der Eildonberge mit der Himmelskönigin verwechselt oder jene feenhafte Frau, die Gewain, ein Ritter der Tafelrunde König Arthurs im Schloß des Grünen Ritters trifft und mit der einen Flirt zu beginnen, er sich hütet.

Diana-Artemis-Frau Venus-Feenkönigin führt, oft auf einer weißen Stute reitend, die durch die Samain (Sow-in) tobende Jagdkalvalkade an. Ihrem Zug begegnet in den schottischen Wäldern der junge Tamlane, nachdem er leichtsinnigerweise entgegen der Uhrzeigerrichtung, also im Verlangen nach dem Zeitzustand der Anderswelt, über einen Feenhügel geritten ist.

So verfällt er dem Charme und dem Glanz jener Feenkönigin und wird vorübergehend deren Geliebter. Aus ihrem Bann erlöst ihn seine irdische Braut Jane, die Tochter des Earl of March dadurch, daß sie den Feen in der nächsten Haloween- (= Samain-) Nacht auf einem Kreuzweg mit einem Rosenkranz und Weihwasser entgegentritt.

Ich habe bisher ganz bewußt etwas wie eine mytho-poetische Ableitung des Feenglaubens versucht. Ich werde nun systematisch-kategorialer vorgehen. Ehe wir uns aber in diesem Sinn den verschiedenen Antworten auf die Frage zuwenden, wie nun der Feenglaube und die Vorstellung der Anderswelt als dem Reich der Feen entstanden sind, wird es hilfreich sein, noch einen Augenblick bei dem Worte *FEE*, englisch *Fairy*, seiner Herkunft und Bedeutung, zu verweilen und einen Überblick über die Muster der Feengeschichten zu geben. Das englische Wort »Fairies« tritt sprachgeschichtlich relativ spät auf. Früher liegt das Hauptwort »Fays«. Man leitet es ab von dem lateinischen *Fatae*. Die klassischen drei Fatae, die sich später vervielfältigten, waren übernatürliche Frauen, die das Schicksal eines Menschen bestimmten und über den Geburtsvorgang wachten. »*Fay-erie*« bezeichnete zunächst einen Zustand von Verzauberung und Glanz. Erst später wurde es für die Feen selbst benutzt, weil sich mit ihnen solche Eigenschaften verbanden.

Die Bezeichnung »*Fee*«, deckt ein weites Feld ab. Er schließt ein die angelsächsischen und skandinavischen Elfen, die DaoIne Sidhe (deun schi) des schottischen Hochlandes, die Tuatha De Danann in Irland, die Tylwyth Teg in Wales, das Kleine Volk und die Guten Nachbarn.

Die Feen werden im allgemeinen in zwei große Gruppen unterteilt. 1. In jene, die zu dem Feenvolk oder zu einer Nation gehören, die im Feenland, in der Anderswelt als eine sozial organisierte Gesellschaft besteht. Solche Völker sind beispielsweise die *side* (shii), d. h. *das Volk aus den Hügeln* in Irland oder in den deutschsprachigen Ländern die *Zwerge*. 2. Gibt es die individuellen Feen, die mit einem bestimmten Ort, einem Beruf oder einem Haushalt zusammenhängen. Beispiele wären hier die *Undine*, eine Fee, die in einer Quelle oder einem Fluß lebt, oder der *Leprachaun*, der ein Schuhmacher ist.

Die Angehörigen dieser zweiten Gruppe sind, eben weil Individuen, in Natur und Verhalten, sehr verschiedenartig. Die wichtigsten unter ihnen sind auf den britischen Inseln die *Haushaltsfeen* wie beispielsweise der Billy Blin in den schottischen Balladen.

Eine Haushaltsfee wie Zwerg, Kobold, Nis, Brownie, Billy ist immer an einen menschlichen Hausstand gebunden. Er /sie schläft oft auf dem Herd oder kommt durch den Schornstein ins Haus. Er/sie ist im allgemeinen hilfreich, kann aber auch Streiche spielen. Er/sie verrät einen Zauberspruch und auch, wie man einen Bann löst, beispielsweise wenn die Frau des Hauses Schwierigkeiten bei der Geburt hat. Ein Feenwesen dieser Art schützt den Hausherrn vor Betrug durch seine Frau. Es macht Butter, es braut Bier und sorgt dafür, daß der Teig aufgeht.

Es kehrt die Küche aus, wäscht das Geschirr und macht am Morgen Feuer. Aber man muß es freundlich behandeln. Es hat es gern, wenn man ihm eine Schüssel Milch auf einen Stein stellt. Es hat die Größe eines einjährigen Kindes, aber oft mit dem Gesicht eines uralten Mannes.

Andere Feen der zweiten Kategorie stehen mit besonderen Orten in Zusammenhang. Die Salamanderfee lebt im Feuer, die Undine in Wasser, die *buccas* in Bergwerken, die *Merrows* auf dem Meeresboden. Wieder andere hausen in Bäumen, in der Luft, in Erdhügeln, bei Schuhmachern, Zinn- und Hufschmieden.

Geschichten um Feen verlaufen alle nach einer begrenzten Anzahl von Handlungsmustern:

1. *Feen helfen den Sterblichen.* Sie helfen säen und pflanzen, dreschen und holzhacken. Ein Bauer versucht vergeblich, sein Pferd aus einem Schlammloch zu befreien, plötzlich ist ein Feenvolk da, und das Pferd kommt im Nu los. Ein Fee befreit einen Frau, die von ihrem eifersüchtigen Ehemann eingesperrt gehalten wird. Feen geben Geschenke in Form von Gold oder Gefäßen, die immer voll sind.

2. *Feen schädigen die Sterblichen.* Sie vergreifen sich an den im Wachstum befindlichen Ernten. Oft entfernen sie bei den Erbsen die Schoten, lassen aber die Frucht selbst unversehrt. Sie melken die Tiere auf der Weide, reiten das Pferd in der Nacht vom Stall auf die Weide. Im Haus blasen sie Kerzen aus, werfen die Töpfe aus den Schränken, schicken eine Staubwolke durch den Kamin herab.

3. *Feen entführen Sterbliche zu einem bestimmten Zweck.* Zwei solcher Geschichten haben wir schon gehört. Denken sie an die Geschichten von *Tom dem Reimer* und *Tam Lin.*

4. *Geschichten um Wechselbälger,* d. h. Feen entführen die Kinder von Irdischen und lassen dafür ein Feenkind zurück, oder sie locken ein Kind der Sterblichen in die Anderswelt. Zweck dieses

Vorgangs: Die Kinder der Irdischen sollen als Opfer an den Teufel dienen. Die eigenen Kinder sollen durch die Milch menschlicher Ammen gestärkt werden. Hebammen, sofern sie entführt werden, werden von den Feen zumeist die Augen verbunden. Vor ihrer Rückkehr werden sie reich belohnt und unterliegen nicht wie andere Sterbliche der Gefahr dann zu sterben.

5. *Sterbliche besuchen die Anderswelt.* Auch hier haben wir schon eine solche Geschichte, die von dem Wanderarbeiter, der mit den Feen tanzt, näher kennengelernt. Von Ruadh, dem *Sohn des Königs von Munster*, wird erzählt, er sei in die Gewalt von neun lieblichen Frauen geraten, die ihm neun Gefäße voll Gold geboten hätten, wenn er nur neun Nächte mit ihnen schlafe. *Bran*, aufgefordert durch eine Botin mit einem blühenden Apfelzweig in den Händen, gerät auf die Insel der Frauen, wo es keinen Winter gibt, keinen Kummer, wo kein Wunsch unerfüllt bleibt. In einer anderen Geschichte locken die Feen einen Bauern in ihr Reich. Er sieht dort unter anderem umgekehrte Schüsseln auf Regalen und erfährt, daß es sich um die Seelen von Ertrunkenen handelt. Einem ähnlichen Motiv begegnen wir in der irischen Sage von den *Seelenkäfigen*, auf die ein Fischer stößt, der mit einem maritimen Feenmann Whiskey trinkt. Wie bei den Hebammen, so wird auch anderen Sterblichen, ehe sie die Anderswelt betreten, Feensalbe auf die Augenlider gestrichen und erst dann sehen sie die Wesen, die Dinge und den Glanz des Feenlandes.

Das vielleicht (erzählerisch) reizvollste Muster ist 6. das der *Feengeliebten* oder des Sterblichen, der eine Fee heiratet. Auch all diese Geschichten verlaufen nach den folgenden, immer wiederkehrenden Handlungsstrukturen:

a) ein oder eine Sterbliche/r liebt ein Feenwesen,

b) das Feenwesen stimmt einer Heirat unter einer bestimmten Bedingung zu, beispielsweise er oder sie darf sie oder ihn bei bestimmten Gelegenheiten nicht sehen.

c) Das Tabu wird gebrochen und der Sterbliche verliert seine Feenfrau.

d) Er versucht sie zurückzugewinnen, hat manchmal Erfolg,

e) ein andermal nicht.

Es ist auffällig, daß sehr früh gesammelte, aber auch erst in unserem Jahrhundert festgehaltenen Feengeschichten sich allesamt in diese eben beschriebenen Muster einordnen lassen.

Die Frage nach dem Ursprung des Feenglauben ist in der Vergangenheit unter zwei verschiedenen Gesichtspunkten erörtert worden.

Da sind zunächst einmal die Wissenschaftler, die Folkloristen, mit ihren Nachforschungen, warum Menschen überall in der Welt an ein Volk von Geschöpfen glauben, die übernatürliche Eigenschaften besitzen ... an Geschöpfe, die weder Götter noch genau genommen Geister sind, die vieles mit den Menschen gemeinsam haben, aber sich in ihren Fähigkeiten, ihrem Besitz und ihren Eigenschaften auch deutlich von den Menschen unterscheiden?

Da sind zum anderen die Meinungen und Vorstellungen, meist in einer agrarischen Gesellschaft lebender Menschen, die effektiv an Feen glauben, sie sehen bzw. sie zu sehen meinen.

Beginnen wir bei den Folkloristen. Folklore als wissenschaftliche Disziplin befaßt sich mit dem Studium traditioneller Praktiken, Sitten, Gebräuche und Künste. Zu letzteren gehören Musik, Drama, Lyrik, fiktionale und legendäre Erzählungen.

In einer der letzten großen Untersuchungen über den Feenglauben[1] vergleicht Reidar Th. Christiansen den Feenglauben Skandinaviens mit dem Irlands. Irland ist eine der Bastionen des Feenglaubens. Auch wenn die junge Generation skeptisch geworden ist, gibt es doch unter den älteren Leute noch viele, die von der Existenz von Feen unbedingt überzeugt sind.

Eine neue Straße wurde bei Toorglas im County Mayo gebaut, und die Bauarbeiter waren nicht bereit, den Boden um den Feenpalast anzutasten und traten in Streik. Ein Beamter aus dem Ministerium wurde in den Westen geschickt, um den Konflikt beizulegen. Die Bauern, die der Beamte befragte, sagten, sie selbst glaubten zwar nicht an das Kleine Volk, aber ein Verstoß gegen das Tabu dürfte viel böses Blut machen und es sei klüger, die Straße umzuleiten. Was dann auch geschah.

---

[1] In »Heriditas«, Essays and Studies presented to Professor Séamus Ó Duilerga, Dublin 1975. Reidar Christiansen, Some notes on the Faries and Fairy Faith, S. 95-111

Ich selbst habe noch 1969 in der Nähe von Sligo an einer Straßenkreuzung alte Frauen getroffen, die auf Feenjockeys Wetten mit realem Geld abschlossen. Mitte der 80er Jahre begegnete ich im nördlichen Donegal noch Menschen, die von der Existenz von Feen vollkommen überzeugt waren.

In der zuvor erwähnten Untersuchung berichtet Professor Christiansen, der Glaube an übernatürliche Geschöpfe in der Art der Feen sei keineswegs auf Europa beschränkt, sondern tauche in ähnlicher Art überall in der Welt auf. Das führt ihn zu der Annahme, daß der Feenglaube in bestimmten menschlichen Situationen, die Rätsel aufgeben, seinen Ursprung habe.

Christiansens Theorie ist es, daß mit dem Feenglaube die Fragen nach dem Tod junger Menschen, nach mysteriösen Epidemien unter dem Vieh, nach klimatischen Katastrophen, nach lebensgefährlichen Krankheiten, nach Geburten von Mongoloiden und anderen geistig behinderten Kindern im Sinn eines Zusammenhangs von Ursache und Wirkung beantwortet würden. Da er solche Vorstellungen für universell ansieht, unternimmt er keine gesondert Analyse über die Ursprünge des Feenglaubens in Skandinavien und Irland.

Er gilt allerdings zu überlegen, ob die Vorstellung, daß Feen klein seien, eventuell damit zusammenhängt, daß die aus prähistorischer Zeit stammenden Hügelgräber als Wohnung der Feen angesehen wurden.

Christiansen zählt die Vorstellung, Feen seien klein, zu dem universellen Glaubenssätze, wenngleich es aus früherer Zeit auch Angaben über Feen gibt, die die volle Lebensgröße ausgewachsener Menschen gehabt haben sollen.

Die Seher, die Evan Wentz für sein Buch »*Fairy Faith in Celtic Countries*« (1911) interviewte, beschrieben die Sidh, die Feen, als mit den Menschen gleich groß oder sogar größer als diese:

»*Sie bezeichnen grauleuchtende Wesen als groß. Welche Statur haben sie?*«

»*Diese leuchtenden Wesen schienen vierzehn Fuß groß zu sein, wobei ich auch nicht weiß, warum ich sie mit einer so bestimmten Größe beschreibe. Es gab nichts, womit ich sie hätte vergleiche können, jedenfalls schienen sie mir größer als Menschen.*«

»Die Bauern und andere Leute in Irland«, fährt Wentz fort, *»halten die Sidh eher für klein als für groß. Ein alter Schulmeister im Westen von Irland beschrieb sie mir als groß und sehr schön und benutzte einige gälische Worte, von denen ich mir vorstellte, daß sie in allen Farben leuchten.«*

Das wird durch eine Äußerung eines gewissen Michael Reddy aus Rosses Point, eines Matrosen, bestätigt:

»Ich sah die Feen am Strand von Lower Rosses Pointe vor ungefähr vierzig Jahren. Ich sah sie zum ersten Mal, als ein Offizier mit seiner Schwertspitze zu mir hindeutete. Als ich auf die Wiesen kam, sah ich eine ganze Gruppe Feen, wie Soldaten, in roten Uniformen, lachend und rufend. Der Anführer war ein großer Mann. Ja, sie hatten die Größe von gewöhnlichen Menschen.«

Insgesamt aber scheint Reidar Christiansen recht zu haben, wenn er von den Feen als klein, ja sogar als sehr klein spricht.

Viele Theorien der Folkloristen über die Entstehung des Feenglaubens haben theologisch-christlichen Hintergrund. Feen, so heißt es, sind angeblich *gefallene Engel.*

Ein anschaulicher und in Einzelheiten gehender Bericht findet sich bei Alexander Carmichael, in *Carmina Gadelica.* Demnach gab es unter den Engel, die der Satan verführt hatte, einige, die nicht sehr klug waren. Als der Erzengel Michael die satanische Schar aus dem Himmel warf, folgten ihr viele dieser unschuldigen Opfer der satanischen Beredsamkeit. Die Leuchtende Schar des Himmels nahm ab. Der Sohn Gottes, der die Gefahr erkannte, rief aus: Vater, unsere Stadt leert sich! Da hob Gott die Hand, und die Tore der himmlischen Stadt schlossen sich. Jene, die schon aus dem Himmel herabstürzten, wurden in ihrem Fall angehalten. Und eben diese, heißt es, seien die Sidh geworden. Ihr Ursprung mache ihre Lage am Tag des Jüngsten Gerichts ziemlich gefährlich. Für Schottland beschreibt Kirk in seinem Buch »*The Secret Commonwealth*« ihr Schicksal als ungewiß. Hingegen wiederholt Christiansen das in Irland weit verbreitete Urteil, es handele sich um verdammte Seelen. Er erwähnt zahlreiche Anekdoten, in dem ein Sterblicher ängstlich von den Feen nach deren endgültigen Schicksal befragt wird.

Es gibt in Skandinavien zahlreiche Varianten dieser Legende, aber am häufigsten ist jene von *Evas versteckten Kindern*. Nach der Verstoßung aus dem Paradies ließen sich nach dieser Überlieferung Adam und Eva häuslich nieder und wurden die Eltern so vieler Kinder, daß sich Eva schämte. Eines Tages spazierte Gott durch die Welt und forderte Eva auf, ihm ihre Kinder vorzustellen. Eva hieß die Hälfte von ihnen sich zu verstecken. Aber Gott ließ ich nicht täuschen. Jene, die versteckt worden sind, sollten hinfort vor der Menschheit versteckt bleiben, befahl er, und das war der Ursprung der *Huldre*, der versteckten Menschen. Eine andere Geschichte berichtet, die Huldre seien die Nachkommen von Adam mit seiner ersten Frau Lilith. Jedenfalls sieht die skandinavische Vorstellung Feen als halbmenschliche Wesen, im Guten wie im Bösen zu den Engeln gehörig.

1908 begann Evan Wentz, ein Amerikaner keltischer Abstammung, der einige Jahre unter John Rhys, dem Oxford-Professor für keltische Studien, gearbeitet hatte seine Feldforschung in den keltischen Kulturgebieten: Irland, das Hochland von Schottland, Wales, Cornwall, die Isle of Man und die Bretagne. Er befragte zunächst die führenden Experten der jeweiligen Region – Douglas Hyde in Irland, Alexander Carmichael für das schottische Hochland, John Rhys für Wales, Henry Jenner für Cornwall, Sophia Morrison für die Isle of Man und Professor Anatole le Bras für die Bretagne. Danach bereiste er die Regionen und zwar meist zu Fuß wie J. F. Campbell und Alexander Carmichael schon vor ihm. Er wohnte in den Bauernhütten und sammelte Material bei Menschen aller sozialer Gruppen. Dabei war für ihn zweifelsohne von Nutzen, daß er selbst an Feen glaubte. Obwohl ein Wissenschaftler, begegnete er den Leuten, die auch an Feen glaubten, ohne Skepsis und Vorbehalte, und sie erzählten ihm deswegen wohl auch mehr, als sie je einem anderen, »ungläubigen« Feldforscher anvertraut hätten. Viele davon weisen, gleichen denen von Lady Wilde, der Mutter Oscar Wilde's, gesammelten Geschichten, auf eine starke Verbindung zwischen *Feen und den Toten hin*. Christiansen fand von dieser Vorstellungen noch zahlreiche Spuren, doch nimmt er an, daß man sich die Feen als die Wächter der Toten und nicht so sehr als die Toten selbst vorstellte. Die kürzlich Verstorbenen sind unter den Feen, aber die Toten aus den alten großen Familien Irlands ebenfalls und zwar unter der Bezeichnung *The Gentry*, der Adel.

John Boglin aus Kilmessan in der Nähe von Tara berichtete in seinem sechzigsten Lebensjahr dies über die Feenstämme:

»Es gibt einen ganzen Stamm kleiner roter Leute, die im Odder Tal zwischen Ringestown und Tara leben, man hört sie an den langen Abenden im Juni. Es gibt andere Stämme und Kasten von Feen, solche die von den Fir Bolgs, den Tuatha de Danaan und von den Milesiern abstammen. Sie alle sieht man um den westlichen Abhang des Hügels von Tara herum in alt-irischen Kleidern. Dieses Feenvolk ist sehr kriegslustig und darauf aus, irgendwo einzufallen.«

Und von John Boglin hören wir auch:

»Die Feen sind die Toten. Nach örtlichem Glauben sind sie die Geister der Verschiedenen. Die Überlieferung behauptet, daß Hugh O'Neil im 16. Jahrhundert nach seinem Marsch in den Süden auf dem Rath oder Fort von Ringetown lagerte und Hilfe bekam von den Geistern der mächtigen Toten, die in dem Hügel wohnten. Und Gerald Fitzgerald hat man mit seinem Pferd aus dem Hügel von Mollyellen unten im County Loth herauskommen sehen. Er trug altirische Kleidung, mit einer Rüstung, einen Speer, eben so, wie man in den Krieg zieht.«

In Schottland, das Wentz als nächste Land besuchte, hielt man die bösen Feen, »*The Host*« oder »*Sluagh*« für die *Toten* und die *Shee* für *Geister*, die Gott durch den »Pround Angel«, nämlich den Satan, entfremdet wurden.

Auf der *Isle of Man* stieß Wentz ebenfalls auf die Vorstellung vom »Proud Angel«, aber man sagte ihm auch, Feen seien die *Nachkommen alter Götter*. Besonders von Mannanon oder Mananaan, dem Sohn des Lir, war in diesem Zusammenhang die Rede, eine Vorstellung, die er auch in Irland antraf.

In *Wales* hörte Wentz ziemlich vage: *»Die alten Leute hielten die Feen für eine Art Geister aus eine Geisterwelt.«* In *Cornwall* scheint wiederum die Verbindung zwischen den Pixies und den Toten unter der Landbevölkerung sehr eng. Ein Informant sagte:

»Ich habe immer gehört, die piskies seien das Kleine Volk. Man sprach viel von Geistern. Ob Piskies und Geister ein und dasselbe sind, kann ich nicht sagen, aber ich denke schon, daß die Leute das glaubten.«
Dieselbe Vorstellung der Fees, Corrigans und Lutins als gefallene Engel, wie man sie in Irland und Schottland antrifft, ist auch in der *südlichen Bretagne* verbreitet, nur daß diese Wesen hier den Menschen wohlgesinnter sind und ihnen mehr götterähnliche Eigenschaften anhaften.

Nun haben Folkloristen von Zeit zu Zeit immer wieder neu Theorien über die Entstehung des Feenglaubens entworfen. Eine der eindeutigsten ist die von David Mac Ritchie und besagt, daß der Feenglaube von *der Erinnerung an früher lebende Völker*, an zwergenhaft kleine Menschen, an die vor-neolithischen Bewohner von Höhlen und Erdwerken herrühre. Es sei dies ein Volk gewesen, das Pfeile mit Feuersteinspitzen benutzte, sich mit den geheimen Pfaden, die sich durch das Land zogen, sehr gut auskannte, ein Volk, dem man zutraute, seine Angehörigen könnten das Wetter beeinflussen und besäßen noch andere magische Fähigkeiten. Die wichtigsten Arbeiten von David Mac Ritchie, in denen diese These enthalten ist, sind: *»The Testamony of Traditions«* (1890) und *»Fians, Fairies and Picts«* (1893). In diesen setzt er die Pikten mit den Feniern und den Feen gleich.

Abschnitte aus J. F. Campbells *»Popular Tales of the West Highlands«*, brachten ihn auf diese Theorie, und tatsächlich kann man aus Campbells Märchen die Existenz eines besiegten, gewissermaßen im Untergrund lebenden Volkes herauslesen.

Alle Geschichten von Brownies, der Haushaltsfeen, ließen sich in diesem Sinn erklären. Eine Geschichte, die sich besonders als Beweisstück für Mac Ritchies Theorie eignet, trägt den Titel *»Die Insel von Sanntraigh«* und steht im zweiten Band der *»Popular Tales«*:

Es war einmal eine Frau eines Hirten auf der Insel von Sanntraigh, und sie besaß einen Kessel. Eine Frau des Friedens (eine Fee) *kam jeden Tag und lieh sich den Kessel aus. Sie kam, sagte kein Wort und nahm den Kessel. Und immer wenn sie den Kessel nahm, sagte die Frau des Hauses:*

»Ein Schmied kann kaltes Eisen
heiß machen mit Kohle.
Die Leihgebühr des Kessels sind Knochen,
und wieder haben will ich ihn.«

Die Feenfrau kam dann jeden Tag mit dem Kessel und mit Fleisch und Knochen darin zurück. Eines Tages nun ging die Hausfrau zur Fähre um überzusetzen, und sie sagte zu ihrem Mann: »Sag zur Feenfrau, was ich auch immer gesagt habe. Ich fahre nach Baile Castle.«

»Oh gewiß werde ich ihr's sagen.« Er fertigte ein Seil aus Heidekraut, als er die Feenfrau kommen sah. Ein Schatten fiel von ihrem Fuß. (Hinweis darauf, daß sie ein reales Wesen ist!) Er bekam Angst. Er schloß die Tür. Er hörte mit seiner Arbeit auf. Er öffnet ihr die Tür auch nicht, als die anklopfte. Da ging sie zu einem Loch, das in der Hausmauer war. Der Kessel machte zwei Sätze und war in ihren Händen. Die Nacht kam, und sie hatte den Kessel nicht zurückgebracht. Die Frau kam heim, und als sie sah, daß der Kessel fort war, erkundigte sie sich bei ihrem Mann. »Ist mir egal, wo er ist«, sagte der Mann, »Was habe ich für eine Angst ausgestanden, als sie ihn holte! Und zurückgebracht hat sie ihn bis jetzt nicht.« »Mein armer törichter Mann«, sagte die Frau, »was hast du da nur gemacht. Du hast sie gewiß den Spruch nicht hören lassen. Jetzt stehen wir beide dumm da.« »Ach sie wird ihn morgen wiederbringen«, sagte der Schäfer. »Sie bringt ihn nie wieder«, sagte die Frau.

Sie ging eilig fort. Sie erreichte den Hügel (nämlich die Feenwohnung). Drinnen war niemand. Es war nach dem Abendessen, und sie waren draußen im Maul der Nacht. (Solche bildhafte Ausdrücke sind für die gälische Sprache typisch.) Die Schäfersfrau trat ein. Sie sah den Kessel und wollte ihn mitnehmen. Er war mit dem, was noch darin war, zu schwer für sie. Als der Feengroßvater (also ist doch wohl jemand in der Feenwohnung), sah, daß die Irdische mit dem Kessel fort wollte, sprach er:
›Stille Frau stille Frau
Die zu uns kommt aus dem Land des Jagens.
Du Mann auf der Oberfläche des Bruth,
verliere das Schwarze und laß fallen das Wüste.‹

Die Frau wird dann von den Feenhunden verfolgt. Sie wirft ihnen erst einen Teil der Reste, die sich im Kessel befinden hin, um sie aufzuhalten. Sie verfolgen sie weiter. Schließlich schüttet sie alles aus, was noch im Kessel ist. Die Geschichte endet mit den Sätzen: »*Die Hunde des Dorfes schlugen an, als sie wahrnahmen, daß die Feenhunde innehielten. Die Feenfrau kam nie mehr, um den Kessel zu entleihen.*«

Man kann sich nach dieser Geschichte das Verhältnis von Eroberern und Unterworfenen gut vorstellen. Jeder ist gegenüber dem anderen mißtrauisch. Es fällt auf, daß in dem Spruch, den die Schäfersfrau spricht, das Eisen erwähnt wird. Offenbar war es der Urbevölkerung unheimlich. Die Leute des Friedens besaßen keine Kessel, aber sie hatten ihre Furcht soweit überwunden, daß sie sich Kessel ausliehen, die sie selbst nicht herstellen konnten. Der einzige übernatürliche Vorgang in der Geschichte, die im übrigen wie ein historischer Bericht klingt, besteht darin, daß der Kessel durch das Loch in der Mauer nach draußen springt. Auch dies läßt sich real-rational auflösen. Man könnte sich auch vorstellen, daß die Frau ihn abgehängt und der Schäfer den Vorfall gegenüber seiner heimkehrenden Frau übertrieben dargestellt hat.

Eine Art Ursituation im Verhältnis von Eroberern und Unterworfenen scheint sich tatsächlich in dieser Geschichte abzubilden.

Campbell selbst war gegenüber allen Verwandlungen und allem Zauber, also gegenüber allen magischen Elementen in den Märchen skeptisch und suchte immer nach realistischen Erklärungen, so im Vorwort zu Band 1, wo er schreibt:

»*Die alten Galier trugen Helme, die Tiere verkörperten. Die Söhne des Königs legten, wenn sie heimkamen den Cochal, die ›Hülle‹ ab und wurden dann Menschen, und wenn sie sie wieder anzogen, waren sie Tiere. Kann das nicht dafür stehen, daß sie einfach ihre Rüstung anlegten?*«

An anderer Stelle wird er in der Betonung historisch-realer Vorbilder noch deutlicher:

»*Diese Art von Geschichten ist weit verbreitet und wird über das ganze Vereinigte Königreich hin geglaubt, so daß ich die Existenz eines Volkes auf dieser Insel annehme, dessen Angehörige von kleinerer Statur als die Kelten waren, ein Volk, das Pfeile benutzte und in unterirdischen Hügelbauten wie die Lappen lebte, mechanische Künste kannte, das Güter und Gegenstände stahl, auch Kinder, und zur selben Zeit gelebt haben muß wie die wilden Pferde, wilden Rinder und Auerochsen auf häufig sumpfigen Grund, woraus sich die Vorstellung von Feentieren wie Wasserbulle, Wasserpferd und ähnliches entwickelte.«*

Man hat später versucht, diesen Theorieansatz mit der alt-irischen Mythologie in Einklang zu bringen. *Sidhe,* das Volk aus den Grabhügeln, war ein Ausdruck, der angeblich für die Tuatha dé Danann, das *Volk der Göttin Danu,* das nach Irland von Osten in einer Nebelwolke verborgen übers Meer kam, angewendet wurde. Es brachte die vier wunderbaren Talismane mit nach Irland, den Stein von Fal, das unüberwindbare Schwert Nuada, Dagdas unerschöpflichen Kessel und den unbesiegbaren Speer des Lug. Die Kinder waren unsterblich und konnten dennoch in der Schlacht fallen. Sie galten als sehr schön und waren große Zauberer und Magier. In dem mythologischen Zyklus erscheinen sie als eine merkwürdige Mischung von Sterblichen und Geisterwesen. Je nach Wunsch konnten sie sich sichtbar und unsichtbar machen. Sie halfen Sterblichen, denen sie wohlgesinnt waren, auf übernatürliche Art, konnten ihren Feinden aber auch auf magische Weise schaden. Ihr Eintreffen in Irland wird im sogenannten »*Buch der Invasionen*« auf die Mitte des 15. Jahrhunderts vor Chr. festgelegt. Nach ihrer Niederlage im Kampf mit dem Volk der nächsten Einwanderungswelle, den *Milesiern,* sollen sie die Hügel und Grabhügel Irlands unter sich aufgeteilt haben. Der Dagda beispielsweise habe damals den Brúg na Bóinne für sich gewählt. So sei es zu der Bezeichnung aes side, Volk der Hügelgräber, oder fir side, Männer der Grabhügel, gekommen, woraus schließlich *side* das heute noch benutzte Wort für Feen geworden sei. Im Book of Armagh werden sie hingegen als *dei terreni* bezeichnet. Sie webten einen Schleier der Unsichtbarkeit, der die beiden Bevölkerungsgruppen, Eroberer und Eroberte, für immer in Sichtbare und Unsichtbare von einander schied. Neben den Grabhügeln galten Mag Mór und Mag Mel, die Große Ebene und die Schöne Ebene, aber auch Tir nan nOg, das Land der Jugend und das Reich hinter den Wellen, als ihr Wohnbereich.

Man wird schwerlich bestreiten können, daß sich Mac Ritchies Erklärungen schlüßig auf bestimmte Vorstellungen des Feenglaubens anwenden lassen, andererseits aber läßt sich nicht der gesamte Feenglaube mit ihnen erklären, wie Mc Ritchie das behauptete. Archäologische Beweise für die besondere Kleinheit der Pikten gibt es nicht, die Leichen, die man in den Gräbern fand, die als Wohnung der Feen galten, hatten die durchschnittliche Größe von Menschen.

Eine weitere Schwierigkeit entsteht dann, wenn man mythologische Überlieferung und Historie miteinander in Einklang bringen will.

Nach dem heutigen Stand der Forschung ist Irland seit mehr als 8000 Jahren von Menschen bewohnt. Drei Hauptperioden der Einwanderung in Vor- und Frühzeit lassen sich mit Jahreszahlen einigermaßen klar ausmachen:

I. Die *frühesten mesolithischen Siedler zwischen 6000 und 5000 vor. Chr.* Sie waren Sammler und dürften nicht sehr zahlreich gewesen sein. Artifakte von ihnen wurden im nordöstlichen Küstenbereich gefunden.

II. *Die neolitischen und frühen Bronzezeitvölker, die zwischen 3000 v. Chr. und 1500 v. Chr. die Insel betreten haben dürften.* Sie betrieben Landwirtschaft, kamen aus dem Mittelmeerraum und waren die Erbauer der Megalith-Gräber.

III. *Die keltischen Invasionswellen der Eisenzeit im 5. bis 1. Jahrhundert.*

Die neolithischen und Bronzezeitvölker müßte man mit den *Firbolgs* und *Kindern der Göttin Danann* gleichsetzen, während die *Milesier* eine bzw. die erste der keltischen Einwanderungswellen darstellen würde. Leider wird diese Schema durch die archäologischen und sprachgeschichtlichen Forschungen nicht bestätigt. Danach scheint es eher so, daß schon die Tuatha de Danann ein keltisches Volk waren, das aus dem keltischen Herzland Nyrax an der oberen Donau über Mazedonien, Jonien, Ägypten, Etruskerland, Südfrankreich und Spanien nach Irland gelangte. Die Invasion der ihnen nachfolgenden Milesier aus Nordspanien in Irland soll ein Rachefeldzug gewesen sein.

Wieder beträchtlich anders schildert es Robert Ranke-Graves in

»Die Weiße Göttin«. Seiner Meinung nach waren die Tuatha dé Danaan ein Bund von Stämmen, in denen das Königtum matrilinear vererbt wurde. Einige dieser Stämme seien in der mittleren Bronzezeit aus Britannien in Irland eingefallen. Ihre Göttin Danu sei schließlich zu Don oder Donnus vermännlicht worden und habe als Stifterin dieses Bundes gegolten. Er spricht dann von einer Auseinandersetzung zwischen einem Volk mit einem Eschengott und einem anderen mit einem Eichengott, verkörpert durch Bran und Beli.

Da man bei alldem nur auf archäologische Fundstücke und sprachgeschichtliche Untersuchungen angewiesen ist, sind all diese Überlegungen rein spekulativ.

Jedenfalls ist es bisher niemandem überzeugend gelungen, die mythologischen Zeugnisse mit denen der Archäologen und Sprachforscher zur Deckung zu bringen und wahrscheinlich wird das nie mehr möglich sein, was nicht heißt, daß die hier herausgearbeiteten Vorgänge für die Erklärung des Feenglaubens völlig ohne Bedeutung wären. Im Gegenteil, vieles Unterschiedliche deutet durchaus auf einen historischen Kern des Feenglaubens hin.

Auch John Rhys vertritt in seiner *»Celtic Folklore«* manchmal einen ganz ähnlichen Standpunkt wie MacRitchie, besonders in dem Kapitel *»Folklore, Race und Myth«*, wo er ebenfalls die Feen von den *Pikten* oder anderen Völkern der frühen Menschheit ableitet und zum Beweis primitive Praktiken, wie die Angewohnheit nur bis fünf statt bis zehn zu zählen, anführt. Auch meint er nachweisen zu können, daß den Frauen dieses Volkes die Tatsache der Vaterschaft noch nicht einsichtig einsichtig gewesen sei. Insgesamt aber kommt auch Rhys zu dem Schluß, daß der Feenglaube auf verschiedene Ursprünge zurückgehe. Er sagt zum Beispiel:

»Ich würde mich hüten, etwas so Gewagtes zu behaupten, wie die Feen hätten alle einen und denselben Ursprung. Es kann durchaus mehrere Ausgangspunkte geben. Zum Beispiel könnten die Vertreter der Geister der Toten als die eigenen Ahnen angesehen worden sein, anderseits kann kein Zweifel darüber bestehen, daß einige der Feenwesen sich von Dämonen und Gottheiten herleiten und nicht vom Ahnenglauben – von jenen Gottheiten, die

*nach Ansicht unserer entfernten Vorfahren die Teichen und
Bäche, Buchten und Flußmündungen bevölkerten.«*

Eine Unterscheidung zwischen gefürchteten und verehrten Geistern der Ahnen, Naturgeistern und den Überresten einer alten
Mythologie ist schwer zu ziehen, aber es kann kaum einen Zweifel daran geben, daß die alten Götter Irlands einen Ausgangspunkt des Feenglaubens darstellten, wobei allerdings nun einige
Folkloristen und Archäologen wiederum der Meinung sind, daß
sich die Göttervorstellungen aus der von den Geistern der Ahnen
entwickelt haben.

In diesem Zusammenhang ist auch darauf hinzuweisen, daß
sich im Feenglauben viele Spuren des *Megalithkultes der Großen
Mutter* finden, in dem frühzeitlich-magische Vorstellungen von
Leben und Sterben, von Tod und Wiedergeburt jener Menschen,
deren durchschnittliche Lebenserwartung bei um die 30 Jahre lag,
miteinander verknüpft wurden. Aus der frühgeschichtlichen Muttergottheit entwickeln sich später drei Gestalten – eine jugendlich-
jungfräuliche, eine mütterliche und eine uralt-häßliche Frau,
deren Ausprägungen auch mit den Jahreszeiten Frühling, Sommer
und Winter in Zusammenhang gebracht werden. In vielen Feen-
gestalten haben sich deutliche Anklänge an sie erhalten. So wird
aus den drei Göttinen Neman, Maha und Morrigu, denen als
Vogel die Krähe heilig ist, schließlich die weibliche Fee, die *Banshee*. Aine und Fennel, die Töchter des Königs Egogabal der Tutha
de Danan, sind halbheroische Wesen, die zu an einen bestimmten
Ort gebundenen Feen werden. Aus den *Schildjungfrauen* der germanischen Mythologie wird die Feengestalt der *»Wäscherin an
der Furt«*. Die Reihe solcher Verwandlungen einer Gottheit zur
Feen ließen sich nahezu endlos fortsetzen.

Der alte Glaube an eine dreigesichtige Muttergottheit wurde
später christlich vereinnahmt. Womit dann die Erklärung, Feen
seien gefallenen Engel, sich als eine christliche Verbrämung eines
älteren matriarchalischen Glaubens erweisen würde. Es gibt ein
besonderes schlagendes Beispiel dafür, wie das sich abgespielt
haben mag.

Brigit war im alten Irland die älteste unter den drei Töchtern
des Dagda, die Göttin des Viehs und der Ernten, der Dichtkunst,

der Heilkunst und des Schmiedehandwerks. Sie war es, die das Pfeifen erfand, mit dem die Menschen einander in der Nacht riefen. Die eine Seite ihres Gesichts war schön, die andere häßlich. Die ursprüngliche Bedeutung ihres Namens Breo-saighit ist wilder Pfeil. Die *drei Brigitten* (Brigindu, Brigantia, Brig) waren bei den kontinentalen Kelten Quellgöttinen. Kildare im Südosten Irlands galt als Heiligtum dieser ursprünglich aus Gallien und Britannien stammenden keltischen Gottheit, die in Irland nun mit einem Feuerkult (Heiligkeit des häuslichen Herdes) verbunden war. Giraldus Cambrensis berichtet im Zusammenhang mit Kildare von einem ständigen Feuer, das von eine Hecke umschlossen war, die kein Mann durchschreiten durfte. Hundert Jahre nach Einführung des Christentums in Irlands ist dann aus dem heidnischen Heiligtum ein christliches Kloster geworden, in dem ein heiliges Feuer brannte, das über 19 Tage hin von Nonnen gehütet wurde, am 20. Tag aber hütete es Brigit selbst. Aus den Drei Brigitten wird die Heilige Brigid, bis heute die Schutzpatronin irischer Frauen für Schwangerschaft und Geburt.

IV.
Soll man Kindern Märchen erzählen?

Stichworte

»Ich halte – vom Kind her gesehen – die Märchen für ein notwendiges Element zur Unterstützung ihrer Entwicklung, heute mehr als je zuvor. Denn es geht darum, der Vermassung ins Seelenlose entgegenzuarbeiten. Je stärker die Kinder schon frühzeitig rational-intellektuell gefördert werden, um so wichtiger wird es, das Gegengewicht in der Seelentiefe zu aktivieren, damit die Spannung zwischen klarer Bewußtheit und dem Bildarsenal im Vor- und Unbewußtsein als befruchtendes Element erhalten bleibt.«

Felicitas Betz

»Ein bedrückendes hierarchisches Milieu umgibt in der Tat ... die Kinder in vielen Märchen ... Wir sollten uns deshalb ernstlich überlegen, welche und wie viele Märchen der Brüder Grimm der modernen Kinderstube gemäß sind.«

Klaus Doderer

»Das Märchen überwindet Angst und Zwang, Wahn und Entsetzen früherer menschlicher Erfahrungen und primitiver Schichten der Seele auch des modernen Menschen, indem es den guten Menschen zu seinem Glück führt – trotz aller Gefährdungen. Und das Märchen trägt das Erlebnis der Allverbundenheit, der Geborgenheit des Menschen in einer beseelten Welt und im Sinnzusammenhang höherer Ordnungen weiter. Es ist für die Erziehung der Jugend nicht zu entbehren.«

Wilhelm Helmich

»In ›Hänsel und Gretel‹ setzen die Eltern ihre Kinder im Wald aus, ›wo er am dichtesten ist‹, um sie los zu sein. Kein barmherzi-

ger Gott straft sie dafür. Unterwerfung, Aufgeben jeden Widerstands in einer extrem inhumanen Welt ... die widerstandslose Hinnahme von Not und Unterdrückung schlägt dann als moralische Auszeichnung zu Buch, sanktioniert vom Erzähler Grimm: Leben in Gottesfurcht ist Bescheidenheit, Dankbarkeit, Opferbereitschaft, Demut ...«

Otto F. Gmelin

»Kinder im Alter von sechs bis zehn Jahren, die nicht durch fiktive Schilderungen der sensationellen Art abgestumpft sind, haben eine tiefgründige Vorliebe für Märchen oder mythische Bilder.«

Frans Carlgren

»Wir sollten die Märchen wieder zu historisieren versuchen, sie in ihr kulturelles Umfeld reintegrieren, die Texte sozial lebendig machen. Dadurch wird man erkennen, daß das Märchen gesellschaftliche Normen und Werte transportiert, welche zumeist dem höfisch-absolutistischen oder dem bürgerlichen-vordemokratischen Zeitalter angehören. Wer diese Normen und Werte nach wie vor nicht in Frage stellt, gerät in den Verdacht, ein Reaktionär zu sein.«

R. Schenda

»Sage, Schwank und Zaubermärchen sind psychologische Notwendigkeiten schlechthin. Der Grund, warum sie noch immer nicht von der Bildfläche verschwunden sind, und warum unsere moderne Industriegesellschaft sie nicht zum alten Eisen wirft, ist schlicht und einfach, weil die menschliche Natur und die seelische Entwicklung des einzelnen trotz wechselnder gesellschaftlicher Verhaltensweisen sich in wesentlichen Punkten während einer außerordentlich langen Zeit menschlicher Geschichte nicht geändert haben.«

Walter Scherf

»Da Kinder Märchen lieben, da sie nicht müde werden, sie immer wieder zu hören, müssen die Märchen doch wichtige Bedürfnisse befriedigen.«

Bruno Bettelheim

Die Märchen und das Kind

Halt Halt! Genug! So mag manch einer ausrufen, nachdem er die voranstehenden, so kontroversen Ansichten zu der Frage, ob man Kindern Märchen erzählen solle, gelesen hat. Gewiß, es zeichnen sich unter der Vielzahl der Stimmen gewisse Lager und Frontstellungen heraus. Vorwürfe werden gemacht, Befürchtungen geäußert, Anschuldigungen erhoben, aber da ist auch das Beharren darauf, Märchen seien ein unentbehrlicher Teil der Kinderliteratur, seien notwendig zur gesunden seelischen Entwicklung des Kindes.

Tonfall und Wortwahl der Äußerungen von manchem, der hier so emphatisch empfiehlt oder polemisch tadelt, legen die Vermutung nahe, daß es dem Betreffenden noch um einiges andere geht als nur um das Wohl oder die Schädigung des Kindes, nämlich um die Ausschaltung eines Gegners oder gar eines Feindes in dem jeweils anderen weltanschaulichen Lager.

Lassen wir angesichts von soviel Leidenschaft und Eifer zunächst einmal Ruhe eintreten. Und fragen wir, wann und wie Märchen, die, wie wir gehört haben, in früheren Zeiten offenbar vor allem unter Erwachsenen erzählt wurden, zu Kinderliteratur geworden sind.

In Frankreich, so haben wir gesehen, beginnt dieser Prozeß schon im 17. und 18. Jahrhundert mit Charles Perrault und seinen Nachfolgern. In Deutschland setzt er ein mit den Brüdern Grimm im 19. Jahrhundert. Ihre Märchensammlung ist sehr bald zu einem der klassischen deutschen Kinderbücher geworden. Damit aber hat sich beiläufig in Deutschland auch die Vorstellung eingestellt, daß Märchen vorrangig etwas für Kinder seien. Dieser Umstand und die Tatsache, daß die Forschung lange von volkskundlichen Methoden beherrscht war, mit denen vor allem die Entstehung, die Verbreitung der Märchen in den Kulturen, ihre Motive, Kulte und Riten untersucht wurden (Dahrendorf/Kerst), sowie das späte Einsetzen einer materialistischen Märchenbetrachtung führten dazu, daß die Richtigkeit einer solchen Vorstellung über lange Zeiten hin kaum in Frage gestellt wurde.

Die Frage nach den spezifischen Umständen des Sammelns, der Übertragung aus der mündlichen Tradition in einen festgeschriebenen, gedruckten Text blieb lange eine Fachfrage von auf die Frühromantik spezialisierten Germanisten.

Andererseits wuchs Generation um Generation von Kindern heran, denen in einem bestimmten Alter von ihren Eltern, Großeltern und anderen Verwandten die Grimmschen Märchen erzählt und vorgelesen wurden. Kaum ein Kind, das nicht nach der Wiederholung dieser wunderbaren Geschichten verlangt hätte. Der Autor selbst ist auch einmal ein solches Kind gewesen. Er erinnert sich, als Acht- bis Neunjähriger in Zeiten der Krankheit Märchen vorgelesen bekommen zu haben, obwohl er sonst in diesem Alter schon selbständig Bücher las. Aber das Vorlesen der Märchen durch einen Erwachsenen, die Mutter oder das Dienstmädchen, wenn man Fieber hatte, war etwas Besonderes. Die Notwendigkeit, still liegen zu müssen (das war Bedingung), schuf eine besondere Konzentriertheit. Die Erregung des Körpers und der Phantasie durch das Fieber traf auf eine Gleichgestimmtheit in den Bildern und der Perspektive der Geschichten.

Ich möchte behaupten, ohne dieses kindliche Vorleseerlebnis im Krankheitszustand wäre es bei mir nie zu jenem besonderen Interesse an Folklore gekommen. Ich meine aber auch, daß für viele Menschen solche Erlebnisse in ihrer Kindheit zu jener Vorliebe für Märchen führen, die dann bei ihnen den Wunsch auslöste, auch ihren Kindern wieder solche Erlebnisse des Wunderbaren und Phantasmagorischen zu verschaffen.

Konfrontiert man Mütter und Väter, die einen ungebrochenen Umgang mit Märchen pflegen, indem sie sie ihren Kindern noch vorlesen oder erzählen und sie nicht von Platte oder Tonband ablaufen lassen, mit der Behauptung, daß Märchen ursprünglich zumindest nicht nur für Kinder erzählt worden seien, so stößt man häufig auf Erstaunen und mißtrauische Abweisung. Man spürt die Bedenken, so solle mit Kritik und Hinterfragen wieder einmal ein schönes Stück deutschen Volksgutes mehr kaputtgemacht werden.

Dialogwilligen wäre darauf wohl folgendes entgegenzuhalten: Wohl stimmt es, daß die Kinder- und Hausmärchen der Brüder

Grimm einen jener seltenen Fälle darstellen, da ein literarisches Werk von Menschen aus sehr verschiedenen sozialen Gruppen, eben in Hinblick auf die Kinder, gelesen und vorgelesen worden ist. Man kann sagen, daß sprachlich durch eine besondere Fähigkeit die Grimms den Ton des Märchens bestimmt haben, und zwar in einem Maße, der es für alle Nachfolgenden bis heute außerordentlich schwer macht, märchenhafte Stoffe anders zu fassen. Schon aber die Antwort auf die Frage, ob die von ihnen sprachlich gefaßten Stoffe so unbedingt »deutsches Volksgut« seien, fällt, wenn man die Entstehungsumstände und die Quellen, aus denen die Grimms schöpften, genauer betrachtet, nicht unbedingt eindeutig aus.

Die Entstehungsgeschichte der Kinder- und Hausmärchen der Brüder Grimm

Die Kinder- und Hausmärchen der Brüder Jacob und Wilhelm Grimm sind erstmals 1812 (erster Band) und 1815 zweiter Band), dann aber zu Lebzeiten der Herausgeber noch in 16 weiteren Auflagen erschienen.

Volksmärchen galten in Deutschland bis weit ins 18. Jahrhundert als minderwertige und, zum Beispiel nach Ansicht Wielands, als eigentlich nicht druckfähige Gattung. Zwar sah Herder die Volksdichtung als Ursprung aller Poesie an, aber zu Ansehen gelangten die Zeugnisse der »Naturpoesie« erst durch die Romantiker. »Angeregt wurden die Brüder Grimm durch Achim von Arnim und Clemens Brentano, welch letzterer ursprünglich selbst eine Sammlung plante. Jacob und Wilhelm Grimm begründeten ihr Interesse für die Märchen nicht nur philologisch, sondern auch politisch. 1806, als sie mit ihrer Sammeltätigkeit begannen, war das Jahr der Schlacht von Jena und Auerstedt. ›Der herbste Schmerz ... Deutschland in unwürdige Fesseln geschlagen‹ und ›bis zur Vernichtung seines Namens aufgelöst‹ zu sehen, veranlaßte sie zur Erforschung der nationalen Vergangenheit«, so Detlev Lüders (in: ›Dichter der Deutschen Romantik‹, Frankfurt 1976). Die Grimms waren mit Clemens Brentano bekannt, da Jacob bei Clemens' Schwager, Friedrich Carl von Savigny, studiert hatte. Brentanos »Anregung« scheint zunächst darin bestanden zu haben, daß er sich schon gesammelte Texte oder Notizen der Grimms zur Einsicht erbat. Er wollte diese dann umdichten, bearbeiten, wie das teils auch mit den Volksliedtexten geschehen ist, die er sich für die Sammlung ›Des Knaben Wunderhorn‹ beschafft hatte. Obwohl die Grimms gegen ein solches Vorgehen offenbar gewisse Vorbehalte hegten, übergaben sie einige Jahre später Brentano Aufzeichnungen und Inhaltsangaben jener Märchen, die sie inzwischen gesammelt hatten, jedoch nicht, ohne sich zuvor eine Abschrift gemacht zu haben.

Brentano führte, aus welchen Gründen auch immer, seinen Plan nicht aus. Die besagten Vornotizen (Fragmente, kurze Inhaltsskizzen, manchmal auch verschiedene Fassungen ein und desselben Märchens) tauchten erst 1920 in dein Trappistenkloster Ölenberg im Elsaß auf und wurden 1928 von Josef Lefftz ediert. (Siehe dazu: Friedrich von der Leyen: ›Das Deutsche Märchen‹, Düsseldorf-Köln 1964.) Die nach dem Fundort so genannte ›Ölenberger Handschrift‹ ist insofern außerordentlich wichtig, weil ihre Texte den Quellen am nächsten sind. Im Vergleich mit den Texten der Erstausgabe 1812/15 wird so der Grad der Veränderung und der Bearbeitung erkennbar.

Wie umstritten zunächst die Art und Weise, in der die Grimms die Märchenstoffe faßten, gewesen ist, geht daraus hervor, daß Clemens Brentano ihre Märchenwiedergaben »äußerst liederlich und versudelt« nannte. Wenn die Grimms behaupteten, »alles durch den Mund des Volkes ... so rein als möglich ... mit aller Eigentümlichkeit selbst des Dialekts ohne Zusatz und sogenannte Verschönerungen« wiedergegeben zu haben, so läßt sich durch Vergleich mit den Texten der ›Ölenberger Handschrift‹ erkennen, daß man diese Feststellung über das Editionsprinzip nicht all zu wörtlich nehmen darf. Seit 1815 übernahm Wilhelm Grimm, »wissenschaftlich weniger konsequent als sein Bruder« (Lüders), allein die Redaktion der Märchen. »Von der zweiten Auflage (1819) an gestaltete er sie bewußt als Kinderbuch; einige Änderungen, wie die Ausmerzung anstößiger Stellen und eine gewisse Ethisierung im Sinn des bürgerlichen Anstandes«, urteilt Lüders,

»erklären sich aus diesem pädagogischen Bestreben.«

Drücken diese Sätze nur schüchtern-ehrfürchtig aus, was tatsächlich geschah, so kennzeichnen sie doch jenen Zeitpunkt, in der Märchen in Deutschland endgültig zu Kinderliteratur wurden, nämlich das zweite Jahrzehnt des 19. Jahrhunderts. Noch dreißig Jahre zuvor hatte Johann Karl August Musäus in seinen ›Volksmärchen der Deutschen‹ (1782-86) geschrieben:

»Volksmärchen sind aber auch keine Kindermärchen: denn ein Volk (...) besteht nicht aus Kindern, sondern hauptsächlich aus großen Leuten, und im gemeinem Leben pflegt man mit diesen anders zu reden als mit jenen.«

Wenn nun ganz eindeutig kulturpolitische Absichten bei der Veröffentlichung der ›Kinder- und Hausmärchen‹ der Grimms mit im Spiel waren, so weist H. Rölleke, einer der besten Grimm-Kenner in der heutigen Germanistengeneration, den Vorwurf einer chauvinistischen Haltung, einer »Knusperhäuschenideologie«, mit dem Hinweis darauf zurück, daß der Begriff »deutsch«, auf den als Zusatz andere Werke ähnlicher Art damals nie verzichteten, bei dieser Sammlung fehle:

»Wenn auch die Brüder Grimm in ihrer Vorrede viele Märchen als ›echt hessisch‹ definieren, so hatten sie doch ihre Gründe, die ganze Sammlung nicht als ›deutsch‹ zu bezeichnen. Einmal ist da die unleugbare Internationalität der Märchenmotive, zum anderen aber auch eine gewisse Überregionalität der wichtigsten frühen Märchenbeiträge.«

Die Märchenerzähler der Grimms

Hier gilt es nun auch, die Herkunft und den sozialen Hintergrund jener Menschen, von denen die Grimms ihre Märchen erzählt bekamen, etwas näher zu beleuchten. In der Mehrzahl waren es, wie es Rölleke formuliert, »eloquente Erzähler aus dem gutsituierten Stadtbürgertum, sehr junge und erstaunlich häufig aus Frankreich stammende Leute. Die von Wilhelms Sohn, Hermann Grimm, als Hauptbeiträgerin genannte ›Alte Marie‹ ist als Mythe entlarvt: So unvergänglich schöne, aber eben deutlich aus der französischen Tradition stammende Märchen wie das vom Däumling oder vom Dornröschen sind nicht aus dem Mund einer alten hessischen Kinderfrau, sondern einer hübschen jungen Halbfranzösin (namens Marie Hassenpflug) aufgezeichnet worden. (...) An der Tatsache ist so wenig zu deuteln wie an der hugenottischen Abkunft der berühmtesten Beiträgerin Dorothea Viehmann aus Niederzwehren.«

Rölleke warnt davor, nun gewissermaßen das Kind mit dem Bad auszuschütten, in der Art, wie es ein deutsches Boulevardblatt getan hat, das aus diesen Feststellungen die Schlagzeile ableitete: *Der gestiefelte Kater war ein Franzose.*

Für ihn scheint der folgende Zusammenhang wahrscheinlicher: Daß die Geschwister Hassenpflug und die Frau Viehmann aus ihrer Kindheit französische Märchen kannten und diese den Grimms erzählten, schließe ja nicht aus, daß sie als in Hessen Herangewachsene ihr Märchenrepertoire dort beträchtlich erweitert hätten.

Es lasse sich also sagen, daß die Grimms »Volksgut« sammelten, aber da Märchen ursprünglich mit hoher Wahrscheinlichkeit vor der Entstehung der Nationalstaaten entstanden seien, sei das zur Zeit des Nationalsozialismus propagierte Bild von den »urdeutschen Märchen und deren stockhessischen Erzählern« falsch.

Es ist auch wichtig, daß all diese Märchen ursprünglich im Dialekt erzählt, dann aber von den Brüdern Grimm und ihren Informanten in einer hochdeutschen, literarisierten Version niedergeschrieben wurden.

Von Wilhelm Grimm sind die Urfassungen beträchtlich bearbeitet worden, und zwar auf eine zwei verschiedene Ansprüche balancierende Art, die W. Schoof so kennzeichnet:

»Geleitet vom Bestreben, die Märchen in erster Linie für die Kinderwelt mundgerecht zu machen, gab er ihnen durch die Anwendung von rhetorischen Kunstmitteln die von ihm erschaffene literarische Kunstform, die auf einem Ausgleich zwischen der wissenschaftlichen Treue der Wiedergabe und dem volkstümlichen Erzählstil beruht« (Wilhelm Schoof, ›Zur Entwicklungsgeschichte der Grimmschen Märchen‹, Hamburg 1959).

Es ist die Ansicht von Richter und Merkel, Wilhelm Grimms

Änderungen, die eben nicht nur in »Ausmalung von Schilderungen, Vertiefung von Motiven, Ersatz der indirekten Rede durch die direkte Rede, Vermeidung von schleppenden Nebensätzen und Wortwiederholungen sowie unbeholfenen Ausdrücken«, also in »Glättungen« bestanden, sondern die auch in das Handlungsgefüge des ursprünglichen Märchens eingriffen, hätten dazu geführt, daß aus Volksmärchen Literatur wurde: »auf die Verwendung in der bürgerlichen Kinderstube zugeschnitten«.

Zu Recht weisen diese beiden Autoren darauf hin, daß schon in der nun veränderten Erzählsituation (Volksmärchen: mündlich, offen, veränderbar bei jedem Mal, da es neu erzählt wird; Buchmärchen: etwas Fertiges, das keine Veränderung mehr zuläßt, vielmehr das Kind auf die Wiederkehr bestimmter Sätze fixiert) ein ideologisches Moment enthalten sei.

Wichtig weiterhin, daß die Änderungen Wilhelm Grimms auch bewußtseinsmäßige Konsequenzen hatten, so, wenn beispielsweise in einem Märchen die lapidare Formulierung vom »Anblick aller der himmlischen Wohnungen« (Ausgabe 1812) von Wilhelm Grimm im Sinn des Szenariums der christlichen Legende ausgesponnen wird:

Aufzeichnung von Jacob Grimm:

»Das Kind nahm die Schlüssel und öffnete jeden Tag eine andere Tür und freute sich über den Anblick aller der himmlischen Wohnungen.«

Aufzeichnung von Wilhelm Grimm:

»Dieses nahm die Schlüssel, öffnete jeden Tag eine Tür und freute sich, wie es die schönen Wohnungen all erblickte.«

Ausgabe von 1812:

»Wie nun die Jungfrau weg war, öffnete es jeden Tag eine Tür und besah die Wohnungen des Himmelreiches. In jeder saß ein Apostel und war so viel Glanz umher, daß es sein Lebtag solche Pracht und Herrlichkeit nicht gesehen.«

Fassung von 1819:

»Als die Jungfrau Maria weg war, fing sie an und besah die Wohnungen des Himmelreiches: jeden Tag schloß es eine auf, bis die zwölfe herum waren. In jeder aber saß ein Apostel und war von großem Glanz umgeben, und es freute sich über all die Pracht und Herrlichkeit, und die Englein, die es immer begleiteten, freuten sich mit ihm.«

Hinter den Änderungen, die vor allem Wilhelm Grimm vornahm, standen in seinem Bewußtsein die zu diesem Zeitpunkt gültigen Ideale und Prinzipien des Bürgertums, dem er entstammte. Sich die Frage stellen, ob die Ideale von Kindererziehung des Wilhelm Grimm noch unsere Ideale sein können, heißt keineswegs, daß die Tat der Grimms und die literarische Leistung, die die ›Kinder- und Hausmärchen‹ darstellen, herabgesetzt oder geschmälert werden sollen.

Warum wird das Volksmärchen zur Kinderliteratur?

Eine Frage, die sich dem Laien nach alldem stellen mag, wäre: Wie sind eigentlich die Grimms dazu gekommen, aus Volksmärchen Geschichten der Kinderliteratur zu machen? Diese Frage drängt sich nicht zuletzt deswegen auf, weil es ja so aussieht, als habe bei der ›Ölenberger Handschrift‹ diese Zielrichtung noch nicht unbedingt festgestanden.

Ohne den Problemzusammenhang hier in all seinen Aspekten erörtern zu können, muß auf einen Vorgang hingewiesen werden, der indirekt zu dieser Zeit eine große Rolle gespielt haben mag: die Herausbildung von Kindheit als einem selbständigen, vom Erwachsensein geschiedenen Lebensabschnitt, wie es ihn bis Ende des 18. Jahrhunderts nicht gegeben hatte. Damit Hand in Hand gingen Veränderungen bei der Sozialisation des Kindes. Es ergab sich nun für das Bürgertum als die aufstrebende und bald herrschende Klasse die Notwendigkeit, eine eigene Literatur für Kinder bereitzustellen, in der die für das spätere Leben als erwünscht angesehenen Normen und Wertvorstellungen schon in der Kindheit verinnerlicht wurden. Die Anfänge der bürgerlichen Kinder- und Jugendliteratur waren aufklärerisch-rationalistisch orientiert. Es stellte sich aber mit der Zeit heraus, daß so nicht alle Bedürfnisse des Menschen befriedigt, nicht alle Seiten seines Wesens angesprochen wurden. Träumen, das Bedürfnis nach Phantasien, hielt, verkürzt gesprochen, von der Arbeit ab. Dieses Bedürfnis des Menschen mußte auf »harmlose« Weise kanalisiert werden, dazu waren die Märchen, wenn man sie dem Kindlichen zuwies, sehr geeignet, vor allem dann, wenn man die Normen und Wertvorstellungen des Volksmärchens, die die der Unterschicht waren, vorsichtig im Sinne der Normen des Bürgertums veränderte.

Das Problem der Grausamkeit

Eine erste Welle harter Kritik am Märchen als Kinderliteratur kam 1946, als in einer Denkschrift an die Schulämter von Berlin Günter Birkenfeld, der Herausgeber der Halbmonatszeitschrift ›Der Horizont‹ und Kommentator des RIAS, die deutsche Vorliebe für das Märchen als Ursache für eine charakterliche Verderbtheit der Jugend hinstellte. Die so ausgelöste Diskussion hatte immerhin zur Folge, daß die Britische Militärregierung in ihrem Bulletin ›German Educational Reconstruction‹ im Sommer 1948 eine Einschränkung des Anteil an Märchen- und Sagenstoffen in deutschen Lesebüchern verfügte, »um die Überdeckung der christlichen Lehre mit heidnischen Vorstellungen zu vermeiden«.

In der dann in verschiedenen Gremien und mit Recht unterschiedlichem Differenziertheitsgrad geführten Auseinandersetzung wurden die in den Grimmschen Märchen, ja, im Märchen überhaupt dargestellten Grausamkeiten auch mit jenen Unmenschlichkeiten in Zusammenhang gebracht, »die sich auf unserem Boden und in unserem Volk zugetragen hatten«. (Zur genauen Verfolgung dieser Auseinandersetzung siehe Walter Scherf, ›Was bedeutet dem Kind die Grausamkeit der Volksmärchen‹, in: ›Jugendliteratur‹, Heft 11.)

Der Ausgang dieses, die Gemüter über Jahre hin bewegenden Streites läßt sich mit W. von Schack so zusammenfassen:

»Der Vorwurf, das Märchen erziehe zur Grausamkeit, stammt nicht erst von heute. Es hat immer schon überbesorgte ›Großmütter‹ gegeben, die die Seele des armen Kindes in Watte wickeln möchten. Sachlich gesehen enthält tatsächlich eine Anzahl von Märchen Grausamkeiten. Man muß dabei berücksichtigen, wann und wo erzählt wurde. Viele der Grausamkeiten und Strafen waren zeitbedingte, als selbstverständlich empfundene Reaktionen auf Vergehen oder eine Schuld. Dazu kommt, daß die Polarität des Märchens Sühne für ein Vergehen gebieterisch fordert, der Schuld muß um der glücklichen Lösung willen eine Strafe folgen, sonst würde der Ausgang des Märchens nicht befriedigen. Wer Kinder beim Märchenerzählen beobachtet, weiß, daß sie nach einer glücklichen Lösung geradezu begierig sind und eine nötige Strafe unbedingt verlangen. Was diese abstoßend machen könnte, ist ihre breite, reale und psychologische Ausmalung, und gerade das vermeidet ja das Märchen« (GEW-Informationen ›Literatur und Medien‹, Jugendschriftenwarte, 4/75).

Unter einem anderen, einem soziologisch-sozialisationstheoretischen Aspekt, stellte Klaus Doderer in seinem Aufsatz ›Das bedrückende Leben der Kindergestalten in den Grimmschen Märchen‹ (in: ›Klassische Kinder- und Jugendbücher‹, Weinheim) den Wert der ›Kinder- und Hausmärchen‹ als Kinderliteratur in Frage. Er weist nach, daß die Grimmschen Märchen nicht nur historische Verhältnisse spiegeln (wie etwa die Rolle der Kinder, der Geschlechter und die Herrschaftsverhältnisse), und er versucht auch, die aus heutiger Sicht zumindest fragwürdigen Werte herauszuarbeiten. Er spricht von einem »bedrückenden hierarchischen Milieu«, von »der Selbstverständlichkeit, mit der in diesen Märchen das Spielen für arme Kinder ein Luxus ist, den sich nur Kinder reicher Eltern erlauben können«. Nach dem Hinweis auf »die Selbstverständlichkeit des absoluten Gehorsams gegen Eltern und andere« kommt Doderer von diesen »autoritären Tendenzen« zu der als Aufforderung zu verstehenden Frage:

»Wir sollten uns deshalb ernstlich überlegen, welche und wie viele Märchen der Brüder Grimm einer modernen Kinderstube gemäß sind. Es wäre gut, würde in diesen romantischen 150 Jahre alten Bearbeitungen mehr Vertrauen in den kindlichen Esprit und Witz als in den kindlichen Wunderglauben gelegt.«

Diese Aufforderung hat dann bei den Kinderbuchautoren der emanzipatorisch-antiautoritären Bewegung ein lebhaftes und interessante Neuschöpfungen auslösendes Echo gefunden. So in

›Janosch erzählt Grimms Märchen‹, konsequenter und bewußter freilich noch in Karl Friedrich Wächters ›Tischlein deck dich und Knüppel aus dem Sack‹ oder in Otto F. Gmelins Neu-Erzählungen.

Weitere gravierende Einwände gegen das Märchen als Kinderliteratur hat Otto F. Gmelin in seiner Streitschrift ›Böses kommt aus Kinderbüchern‹ versammelt. Er betrachtet Märchen als historische Geschichten, die aber vom Kind eben nicht historisch aufgenommen würden:

»Das Vor- und Grundschulkind ... hat kein historisches Bewußtsein, kein inneres Modell, d. h. es versteht eine Geschichte ohne jeden zeitlichen Abstand und identifiziert sich gänzlich mit der ihm nächsten Hauptrolle ... deshalb sind alle Märchen-Comics-Fernseh-Modelle usw. verbrecherisch, die die historische Dimension zerstören, also bestimmte Erscheinungen falschen Zeiten zuordnen, denn sie heben eine der wichtigsten Voraussetzungen, die Welt und ihre Modelle zu begreifen, auf: Sie zerstören eine Ordnungskoordinate des menschlichen Bewußtseins.«

Bei Otto F. Gmelin verschärft sich nun die bei Doderer eher vorsichtig und recht sachlich vorgebrachte Kritik an den Grimms erheblich. Gmelin schreibt:

»Auf der Basis dieser ersten Fassung (gemeint ist die ›Ölenberger Handschrift‹) korrigierte und ergänzte Wilhelm Grimm bis 1857 von Auflage zu Auflage die Märchen allein. Sein Bruder wurde zunehmend von germanistischen Studien in Anspruch genommen. Zu Beginn der Märchen-Ermittlung gab es keinerlei Absicht, sie zu einem Kinderbuch zu verarbeiten und unter die Leute zu bringen, vielmehr handelte es sich zunächst um reine Forschung. Die von Ausgabe zu Ausgabe von Wilhelm Grimm vorgenommenen Veränderungen zeigen, daß der ursprüngliche Plan, nämlich Reste einer alten, mündlich tradierten Volksdichtung festzuhalten, mit den übrigen Verwertungsabsichten in Widerstreit geriet.«

Eine solche Formulierung legt zumindest nahe, die Glättungen und Erweiterungen durch Wilhelm Grimm seien die Folge einer bewußten Anpassung an den Publikumsgeschmack seiner Zeit gewesen. Ob diese Behauptung haltbar ist, scheint vorläufig fraglich.

Der Vorwurf, daß die Grimmschen Märchen beim Kind ein autoritäres Bewußtsein herstellten, wird also bei Gmelin verschärft und die Schuld dafür Wilhelm Grimm zugeschrieben. Indem er die Märchen »rund« gemacht habe, seien Schlüsse entstanden, die der etablierten bürgerlichen Moral entsprächen und keinerlei alternatives dramaturgisches Denken zuließen. Unterwerfung, Aufgeben jeden Widerstandes, Sich-Ausliefern, die widerstandslose Hinnahme von Not und Unterdrückung, die dann als moralische Auszeichnung zu Buche schlage, indoktriniere bei dem Kind Tugenden einer extrem inhumanen Welt.

Es entspricht der in Deutschland wenig benutzten und wenig geliebten literarischen Form des Pamphlets, wenn Otto F. Gmelin die Grimmschen Märchen »Schauergeschichten aus dem archaischen Museum des nationalen Deutschland« nennt oder wenn er das Märchen von ›Hans im Glück‹ leichthin als »Loblied auf den Bankrott des kleinen Mannes« interpretiert.

Dagegen läßt sich gewiß vieles einwenden. Manches wird bei Gmelin passend gemacht, damit es Munition seiner Polemik werden kann. Dabei bleibt es sein Verdienst, daß er mit seiner Kampfschrift zu der notwendigen Diskussion über Wert und Unwert des Märchens unter dem zu dieser Zeit noch stark tabuisierten Gesichtspunkt einer sozialisationstheoretischen Betrachtung entscheidend mit beigetragen hat.

In ihrem schon mehrfach erwähnten Buch ›Märchen, Phantasie und soziales Verhalten‹ haben sich auch Richter und Merkel mit der Grausamkeit gerade in den Märchen der Grimms auseinandergesetzt. Sie weisen konkret – durch Textvergleiche der Urfassung mit den späteren Ausgaben – nach, daß die Grimms sich an Grausamkeiten nicht gestört haben, ja, daß es Stellen gibt, an denen sie »die Grausamkeit durch eine präzise Beschreibung« verstärkten oder Grausamkeiten sogar ohne Notwendigkeit nachträglich von ihnen eingeführt worden sind (so bei Dornröschen und Aschenputtel!).

Im Sinn ihrer Vorstellungen davon, warum Volksmärchen zu bürgerlicher Kinderliteratur geworden sind, scheint das für Richter und Merkel nicht weiter erstaunlich:

»Hier werden leidvolle Erfahrungen des Kindes, die teils bereits zu unsagbaren, weil verdrängten Traumata geworden sind, ausgesprochen, was für das Kind eine gewisse Entlastung bedeutet. Zugleich werden Wünsche verschlüsselt geäußert, die in der erfahrenen Wirklichkeit des Kindes keine Chance haben, darunter eben auch Aggressivitäten und Rachegefühle.«

Damit wird nun von ihnen das Argument entkräftet, Märchen seien deswegen gut für Kinder, weil Kinder nach Märchen verlangten.

»Genau besehen, beweist das nämlich nichts weiter, als daß diese Märchen Kindern, die in einer bestimmten Weise sozialisiert sind, die Verarbeitung unerfüllter Triebbedürfnisse ermöglichen und daß diese Kinder daher ein starkes Verlangen nach solchen Geschichten entwickeln.«

»Kinder brauchen Märchen«, sagt Bruno Bettelheim

Es war zu erwarten, daß nach einer Periode heftigster Kritik am Märchen das Pendel wieder in die andere Richtung, der der Zustimmung, ausschlagen werde. Eingeleitet und angestoßen wurde dieser Umschwung durch die deutsche Übersetzung von Bruno Bettelheims Buch ›The Uses of Enchantment‹ (amerikanische Ausgabe: New York 1975) unter dem deutschen Titel ›Kinder brauchen Märchen‹ (Stuttgart 1977).

Bettelheim, ein in Amerika lehrender Kinderpsychologe, geht von dem Sinnbedürfnis des Menschen aus und bezeichnet es als »wichtigste und schwierigste Aufgabe der Erziehung ... dem Kind dabei zu helfen, einen Sinn im Leben zu finden«.

Gegenüber modernen Kinderbüchern, die meist nur unterhielten und informierten (sic!), habe das Märchen den unschätzbaren Vorteil, dem Kind in einer für ihn verständlichen Weise Sinn zu vermitteln. Es helfe ihm, narzißtische Enttäuschungen, das ödipale Dilemma und Geschwisterrivalitäten zu überwinden, sich aus kindlicher Abhängigkeit zu lösen und moralisches Pflichtbewußtsein zu erwerben.

Das Märchen verschweige auch die dunklen Seiten des Lebens

nicht, stelle sie aber so dar, daß das Kind nicht entmutigt, sondern ihm Mut gemacht werde: »Das Märchen nimmt diese existentiellen Ängste sehr ernst und spricht sie unmittelbar aus: das Bedürfnis, geliebt zu werden, und die Furcht, als nutzlos zu gelten; die Liebe zum Leben und die Furcht zum Tode.«

Dies werde möglich, indem Märchen erfreuten und zugleich belehrten, indem sie – im Gegensatz zu einer verstandesmäßigwissenschaftlichen Erklärung – Worte gebrauchten, »die das Kind unmittelbar ansprechen«.

Bettelheims Buch ist von vielen Märchenfreunden und Eltern wie eine Offenbarung aufgenommen worden. Endlich kam da jemand, noch dazu ein Wissenschaftler, ein Mann mit akademischen Würden und aus Amerika, der das Märchen wieder an den ihm gebührenden Platz setzte, der entgegen der Kritik aus dem Lager einer materialistischen Märchenbetrachtung seinen Wert für die kindliche Sozialisation betonte.

Ohne damit Bettelheims Arbeit völlig abwerten zu wollen, muß doch auf einen Grund für seinen Breitenerfolg hingewiesen werden. Sein Buch läßt sich leicht dahingehend mißverstehen, daß die von vielen Menschen als bedrückend empfundenen Probleme bei der Erziehung ihrer Kinder sich dann im Handumdrehen lösen würden, gäbe man den Kindern nur immer fleißig Märchen zu lesen.

Nun ist natürlich kein Autor davor sicher, von begeisterten Fans mißverstanden zu werden. Jack Zipes aber hat in seinem Aufsatz ›On the Use and Abuse of Folk and Fairy Tales with Children – Bruno Bettelheim's Moralistic Magic Wand‹ (in: ›Breaking the Magic Spell‹) nachgewiesen, daß solche Mißverständnisse nicht von ungefähr kommen bzw. Bettelheim selbst ihnen durch seinen Ansatz Vorschub leistet.

Zipes schreibt: »Bettelheims Hauptthese ist einfach: ›Die Form und die Struktur der Märchen geben Bilder vor, mit denen das Kind seine Tagträume strukturieren kann und seinem Leben einen Sinn zu geben vermag.‹ Mit anderen Worten, das Märchen befreit das Unbewußte des Kindes, so daß es Konflikte und Erfahrungen, die andernfalls unterdrückt würden und zu psychologischen Schwierigkeiten führen müßten, verarbeitet.«

Von daher kritisiert Zipes Bettelheim, dem er ein zu kurz greifendes Verständnis der Freudschen Lehre vorwirft, da dieser als Wurzel aller kindlichen Konflikte nur das ambivalente Verhältnis zu den Eltern ansehe und meine würden diese Konflikte durch das Märchen verarbeitet, sei alles getan.

Bezeichnend für diese Einstellung sind bei Bettelheim Sätze wie dieser: »Wären mehr von unseren Jugendlichen mit Märchen aufgewachsen, würden sie unbewußt begreifen, daß ihr Konflikt nicht einer mit der Welt der Erwachsenen oder mit der Gesellschaft ist, sondern in Wirklichkeit nur ein Konflikt mit ihren Eltern.«

Anders ausgedrückt: Zipes wirft Bettelheim vor, undialektisch aus Freuds Lehre eine Möglichkeit und einen Weg zur Autonomie des Individuums abgeleitet zu haben, während es tatsächlich »die kritische Aufgabe der psychoanalytischen Theorie Freuds« gewesen sei, »auf die mannigfaltigen Arten hinzuweisen, mit denen es die Gesellschaft für das Individuum mache, eine Autonomie zu erlangen«.

Um es noch verkürzter zu sagen: Bettelheim legt allen Nachdruck auf die familiären Faktoren und vernachlässigt, daß diese, wie auch das Kind selbst, wiederum gesellschaftlich bestimmt sind.

Wir sehen: Der schon lang andauernde Streit zwischen einer orthodox-psychoanalytischen Betrachtungsweise (manchmal nach Jung, manchmal nach Freud) und der Schule eines materialistisch-marxistischen Erklärungsansatzes setzt sich auch mit Bettelheim als ein Spiel von »call« und »response«, von »Ruf« und »Gegenruf« fort.

Eine Synthese zwischen beiden Lagern zeichnet sich, wenigstens vorläufig, nirgends ab. So bleibt es dem Laien überlassen, je nach seinen sonstigen weltanschaulichen Vorstellungen diesen oder jenen Argumentationsaspekt als überzeugender zu betrachten oder zunächst einfach zur Kenntnis zu nehmen, daß wir beiden Lagern wichtige Einsichten zu der Frage »Soll man Kindern Märchen erzählen?« verdanken.

Ein solcher Zustand mag zunächst unbefriedigend erscheinen. Ich persönlich finde und möchte vermitteln, daß er jedenfalls gefährliche Übersteigerungen in die eine oder andere Richtung einschränkt und uns einmal mehr vor Augen führt, daß das Märchen weiterhin als Gegenstand der Forschung interessant bleibt.

V.
Das neue Interesse am Märchen

Stichworte

»›Diese alten Geschichtenerzähler hatten ein außergewöhnlich gutes Gedächtnis‹, sagte mir ein älterer Lehrer, ›sie merkten sich eine Geschichte, selbst wenn sie so lang wie ein ganzes Buch war, sobald sie sie auch nur einmal gehört hatten. Das war wichtig, denn sie konnten weder lesen noch schreiben.‹«
W. R. Rodgers über die Märchenerzähler Irlands

»Die Traumzeit als zentrale Vorstellung der australischen Mythologie bezeichnet den Prozeß der Gestaltung, Formung und Sinngebung allen Lebens durch mythische Gestalten, die Schöpferwesen, Kulturwesen und Vorfahren der Menschen zugleich sind. Traumzeit ist hier gleichbleibend mit der Allgegenwart schöpferischer Kräfte, die die Wirklichkeit hervorbringen und (diese) einem bestimmten Gestaltungsprozeß unterwerfen.«
Herbert Boltz

»Denn an sich ist Wagadu nicht aus Stein, nicht aus Holz, nicht aus Erde. Wagadu ist die Stärke, die im Herzen der Menschen lebt... Zum Schlafen kam Wagadu aber einmal durch die Eitelkeit, zum zweiten durch den Bruch der Treue, zum dritten durch die Habgier und zum vierten durch den Zwiespalt. Wenn Wagadu aber nunmehr zum vierten Mal wiedergefunden wird, dann wird es gewaltig im Sinn der Menschen leben, daß es nicht wieder verloren werden kann, weil jeder Mann dann Wagadu im Herzen und jede Frau ein Wagadu im Schoße bergen wird! Hoooh! Dierra, Agada, Ganna, Silla! – Hoooh! Fasa!«
Das Dausi, Leo Frobenius, ›Spielmannsgeschichten der Sahel‹

»Ich bin die Gezeit, die hin zum Tode zieht.
Ich bin ein Kind, wer anderes als ich
schaut aus dem unbehaunen Dolmentor?
Ich bin ein Schoß: in jedem Otterbau.
Ich bin die Glut: auf jedem Hügel.
Ich bin die Königin: in jedem Bienenkorb.
Ich bin der Schild: für jeden Kopf.
Ich bin das Grab: für alle Hoffnung.«

›Lied des Amergien‹, altes keltisches Kalender-Gedicht

»... aber Peig, wie auch ihre Brüder, Padraig und Sean, hatten die
Geschichten von ihrem Vater. ›Und ich glaube nicht‹, sagte sie zu
mir, ›daß sich zu dieser Zeit ein besserer Märchenerzähler in Kerry
gefunden hätte, als er es war. Es ist sehr schade, daß es damals
diese Knöpfe, Hörner und Maschinen noch nicht gab, um seine
Rede aufzunehmen. Nun ja, es gab sie eben noch nicht. Ich erin-
nere mich gut an die Nacht, in der er die Geschichte vom Roten
Ochsen erzählte. Er war 98 Jahre, aber lebendig und gesund. Als
er nun die Geschichte vor der Feuerstelle erzählte, hielt er plötzlich mittendrin inne und brachte eine Weile kein Wort mehr heraus.
›Bist du dem Tod nah, Vater?‹ sagte ich.
›Das bin ich nicht‹, sagte er.
›Oh doch, so steht es‹, erwiderte ich. ›Der Tod kommt dich holen.
Du bist noch nie in einer Geschichte steckengeblieben, solange
wie ich zurückdenken kann. Jetzt geht es zu Ende mit dir!‹
›Der Tod ist noch nicht in Cork aufgebrochen, aber er kommt zu
mir, mein Mädchen!‹ sprach er ... Auch das stimmte nicht. Er
brachte die Geschichte nicht mehr zu Ende, und er lebte danach
nur noch neun Tage. Er hatte die Jungen immer gut unterhalten
... und die Alten auch. Märchenerzählen war der Hauptzeitver-
treib damals, Geschichtenerzählen und von den alten Zeiten zu
reden. Aber es ist nicht mehr so. Sie kümmern sich nicht länger
um die Geschichten, und die Geschichten wären längst ausge-
storben, denn die jungen Leute merken sie sich nicht. Aber jetzt
gibt es ja, Gott sei Dank, diese Geräte, um die Geschichten aufzunehmen, wenn nur noch Geschichtenerzähler übrig wären, aber

sie sind nicht. Denn die alten Gälen sind tot, und die neue Gene-
ration, die heranwächst, spricht nicht mehr so gut Irisch. Das ist
schade, denn Irisch ist eine edle und eine kostbare Sprache. Aber
es wird wieder zum Leben erweckt werden und Stärke gewinnen.
Nicht mehr lange, mit Gottes Hilfe, und es wird wieder so in
Blüte stehen wie bei den alten Leuten, in den alten Zeiten. Möge
Gott ihren Seelen ewiges Leben schenken und unseren Seelen
auch, sofern wir danach verlangen, Amen!«
Peig Sayers, irische Märchenerzählerin (1873 – 1958)

Das neue Interesse am Märchen und einige Gründe dafür

Es gibt ein neues Interesse am Märchen. Die »Europäische Märchengesellschaft e. V.« zum Beispiel verzeichnet einen beträchtlichen Mitgliederstamm. Es sind Wissenschaftler und Märchenforscher, aber auch eine Vielzahl interessierter Laien, Leute aus
höchst unterschiedlichen sozialen Gruppen und unterschiedlichen Alters. Aber nicht nur die Kongresse dieser Gesellschaft und
ihre Besucherzahlen samt der Vielfalt ihrer Programme sind ein
lebendiger Beweis einer neuen Vorliebe für das Märchen. Die
Beliebtheit phantastischer Literatur (Fantasy), die sich letztlich
vom Märchen herleitet, die Bestsellererfolge von Autoren wie
Michael Ende, Tolkien, T. H. White, aber auch die Auflagenzah-
len der Märchen-Taschenbuchreihen weisen auf dieses Interesse
hin. Und es scheinen in zunehmendem Maße Erwachsene und
Jugendliche zu sein, die sich für Märchen interessieren. Die Diskussion dieses Phänomens müßte von einer sorgfältigen Analyse
der Fantasy-Literatur in der Gegenwart ausgehen. Welche Themen werden hier wie präsentiert? Welche Wünsche und Ängste
melden sich hier zu Wort? Eine solche Untersuchung würde den
Rahmen dieses Bandes sprengen. So soll dieses Thema einer späteren Arbeit, die sich ausschließlich mit der Fantasy-Literatur
auseinandersetzen wird, vorbehalten bleiben. Die Ursachen jener
neuen Hinwendung zum Märchen können hier also nur flüchtig
betrachtet werden.

Wenn behauptet wird, die Freude an Märchen und »Fantasy« entspringe dem Bedürfnis, sich einer als hoffnungslos empfundenen Gegenwart zu entziehen, so mag das wohl stimmen, aber vielleicht ist dieses Bedürfnis nicht nur als negativ und asozial zu charakterisieren.

In einer Zeit, da wir uns so vielen Manipulationen unserer Phantasie ausgesetzt sehen, verlangt es uns nach echter, sinnhaltiger Phantasie.

In einer Zeit, da der Mensch zu erkennen beginnt, daß die Technik mit der Steigerung ihrer Möglichkeiten ihm vielleicht zivilisatorische Bequemlichkeit, aber nicht unbedingt jenes Maß an Glück und menschenwürdigem Dasein gebracht hat, das er sich noch im Zeichen der ersten Industriellen Revolution von ihr erwartete, vielmehr die Welt durch menschliche Aggressionslust und übersteigerte Technologien an den Rand einer kosmischen Katastrophe gerückt ist, scheint der Rückgriff auf Geschichten, die bildhaft von menschlichen Grundbedürfnissen berichten, nur zu plausibel. Vielleicht, daß sich in ihnen Anhaltspunkte dafür finden lassen, was im Laufe der Menschheitsgeschichte »schiefgelaufen« ist.

In einer Zeit, da sich herausstellt, daß mit einem Mehr an materiellen Werten ein wesentliches Bedürfnis des Menschen nicht befriedigt werden kann – nennen wir es hier verkürzt das Bedürfnis nach innerer Ruhe, Balance –, ist es einleuchtend, daß sich Menschen in Geschichten vertiefen, die im Grunde alle von einer Queste (Suche) nach ganz ähnlichen Zielen handeln.

In einer Zeit, da oft der Eindruck entsteht, als ginge es den großen Weltreligionen und deren Institutionen vor allem um die Verteidigung ihrer Machtpositionen, und da die großen Ideologiegebäude bei dogmatischer Verhärtung durch mehr oder minder krasse Züge der Unmenschlichkeit unglaubwürdig geworden sind, bietet vielleicht gerade die Mythe und das Märchen einen zeitgerechten und noch nicht diskreditierten Weg zu Transzendenzerfahrungen, nach denen es doch eine Vielzahl von Menschen verlangt.

Tolkien, dessen Bewußtsein, wie es sich in seinem Hauptwerk ›Der Herr der Ringe‹ spiegelt, gewiß auch zu ideologiekritischen Einwänden herausfordert, hat in einer seiner theoretischen

Schriften davon gesprochen, daß die Vorliebe für das Märchen (genau genommen für Feengeschichten) gewiß etwas von einer Flucht habe, daß es sich dabei aber nicht um die Flucht eines Deserteurs, sondern um das »Entkommen eines Gefangenen« handele.

Diese freiheitlich-emanzipatorisch-utopische Komponente des Märchens, die von Interpreten aus sehr verschiedenen Lagern – man denke beispielsweise an Ernst Bloch – auch schon immer erkannt worden ist, könnte in der Zukunft unter zusätzlichen und veränderten Aspekten eine neue Bedeutung gewinnen. Genug damit der Reflexion über das neue Interesse am Märchen.

Lebendiger Ausdruck menschlicher Bedürfnisse waren Märchen in der Vergangenheit so lange, wie sie direkt mündlich erzählt wurden, damit Offenheit bewahrten und Anstoß gaben, die Hoffnung auf Veränderungen zumindest wachzuhalten.

Die Märchenforschung der westlichen Welt hat in der Vergangenheit viel Akribie darauf verwandt, die Eigenart mündlicher Erzähler in den von Industrialisierung und Technisierung noch wenig oder gar nicht berührten agrarischen Regionen Europas und Amerikas (z. B. auf dem Balkan und in Irland) und bei den Naturvölkern des außereuropäischen Raumes (Indianer, Aborigines in Australien, Kopfjäger in Neu-Guinea oder die die Fähigkeit des Träumens verherrlichenden Stämme in den Regenwäldern Malaysias) zu dokumentieren.

Unterdessen aber gibt es in zahlreichen Ländern Europas, teils auch im engen Zusammenhang mit der ökologischen und der Regionalitätsbewegung, eine wachsende Anzahl neuer Märchenerzähler.

Deshalb schien es mir interessant, eine Märchenerzählerin in der Bundesrepublik über ihre Antriebe und ihre Erfahrungen zu befragen.

Sigrid Früh erzählt seit Jahren landauf, landab Märchen und veranstaltet Seminare, in denen Leute, die sich für Märchen und Märchenerzählen interessieren, Anregungen erhalten und Erfahrungen austauschen.

Gespräch mit der Märchenerzählerin
Sigrid Früh

AUTOR Frau Früh, wie sind Sie zum Märchenerzählen gekommen?

FRÜH Ich komme aus einer alten schwäbischen Familie, habe ein paar sehr berühmte Vorfahren, die sich literarisch betätigt haben. Ich habe eine behütete Kindheit verlebt, übrigens auch sehr viele Märchen als Kind erzählt bekommen. Dafür war ich im späteren Leben sehr dankbar. Ich habe sehr früh geheiratet. Die Ehe verlief ziemlich unglücklich. Nach meiner Scheidung habe ich dann Germanistik und Volkskunde studiert. Ich habe ein zweites Mal geheiratet. Ich habe einen Sohn. Während meiner ersten Ehe, in der ich beinahe meine Identität verloren hätte, habe ich gemerkt, wie hilfreich das Märchen für mich ist.

AUTOR Sie sind also nicht über das Erzählen von Märchen für Kinder zur Märchenerzählerin geworden, sondern weil Ihnen Märchen selbst eine Hilfe waren. Wollen Sie das auch anderen vermitteln?

FRÜH Ja, ich habe in Zürich studiert und dabei ganz bewußt den Schwerpunkt auf das Märchen gelegt.

Ich wollte danach in den Schuldienst. Ich bin ein sehr freiheitsliebender Mensch und mir wurde klar, daß ich mit meinem Temperament im Schuldienst der staatlichen Schulen nicht glücklich werden würde. Ich wollte dann Lehrerin in einer Waldorfschule werden, weil man da mehr persönlichen Spielraum hat und nicht nach so einem starren Schema unterrichten muß. Dann war in Bad Boll an der Evangelischen Akademie eine Tagung der Symbolforscher. Dorthin wurde ich empfohlen, um Märchen zu erzählen. Ich habe gedacht: Das kannst du doch nie, Mensch. Vor so einer großen Menge. Ich hatte bis dahin immer nur vor einem kleinen Kreis, vor Bekannten, erzählt. Aber ich bin dann ohne Herzklopfen nach Bad Boll gefahren. Mein Mann war für mich aufgeregt. Ich habe erzählt. Und aus dieser Veranstaltung haben sich dann all meine weiteren Einladungen ergeben.

AUTOR Was ist nun eigentlich eine Märchenerzählerin heute?

FRÜH Ich beschäftige mich mit Märchen. Ich liebe Märchen. Ich bringe anderen Menschen Märchen nahe.

AUTOR Wie sieht Ihre Beschäftigung mit dem Märchen aus?

FRÜH Es gibt Märchen bestimmter Länder, die ich besonders liebe. Beispielsweise russische Märchen. Ich befasse mich immer ganz eingehend mit der Geschichte des betreffenden Landes, auch mit seiner Kultur- und Religionsgeschichte. Gerade bei den russischen Märchen ist es meiner Ansicht nach wichtig, etwas über die verschiedenen Sekten in der russisch-orthodoxen Kirche zu wissen. Ihre Vorstellungen sind in die Märchen eingegangen. Wenn mich ein Märchen besonders anspricht, dann erarbeite ich es mir. Wobei ich sagen muß, daß ein Märchen seine Schönheit erst als gesprochenes Wort entfaltet. Da merkt man, daß es eigentlich aus der mündlichen Überlieferung kommt.

AUTOR Was verstehen Sie unter »schön gesprochen«? Wir leben ja nicht mehr in einer Gesellschaft, in der mündliches Erzählen von Märchen etwas so Selbstverständliches ist, wie es das früher einmal war.

FRÜH Schön gesprochen habe ich nicht gesagt. Ich habe gesagt: Das Märchen entfaltet seine Schönheit beim Sprechen, im Laut.

AUTOR Gut, dann lassen Sie mich so fragen: Worauf legen Sie besonderen Wert, wenn Sie ein Märchen mündlich erzählen?

FRÜH Der Erzähler muß seine Persönlichkeit mit dem Märchen verbinden. Er muß seine Persönlichkeit mit dem Märchen zum Ausdruck bringen. Er muß sich hinter das Märchen stellen, muß sich völlig mit ihm verbinden. Nur dann erreicht er auch seine Zuhörer. Dabei, finde ich, ist es dann nicht so schlimm, wenn er den Text nicht genauso bringt, wie er im Buch steht. Im Gegenteil, wenn er zu sehr am gedruckten Text klebt, leidet meines Erachtens der Inhalt.

AUTOR Sie haben vorhin gesagt, Sie erarbeiten sich ein Märchen. Sieht das so aus, daß sie zunächst die Geschichte in sich aufnehmen und sich dann unter Umständen von dem schriftlich fixierten Text entfernen, daß Sie gewissermaßen bestimmte Sinnaspekte, die Ihnen besonders liegen, hervorheben, oder wie läuft das?

FRÜH In etwa schon so, wie Sie eben sagten. Ich will es mal an einem Beispiel erläutern. Vor noch nicht allzu langer Zeit habe ich mir ein russisches Märchen erarbeitet. Zuerst geh' ich vom Bild aus. Ich versenke mich fast schon meditativ in die Bilder. Ich begleite dann die Heldin oder den Helden auf ihrem Weg. Wenn die Handlung stockt, bleibe ich mit der Heldin oder dem Helden dort auch stehen, wo sie dann eben gerade sind.

AUTOR Könnte man sagen, daß Sie in die Heldin oder den Helden des Märchens hineinschlüpfen, daß Sie deren oder dessen Schicksal erzählend nacherleben?

FRÜH Ja, genau aus diesem Grund liegen mir auch nicht Märchen mit passiven Frauengestalten. Damit kann ich nichts anfangen. Ich könnte nie Dornröschen erzählen. Frauen in Märchen, die ich gern erzähle, sind immer solche, die ihr Schicksal selbst in die Hand nehmen, die ihren Geliebten befreien, die sich auch selbst auf die Wanderung machen. Die passiven Frauengestalten, die allerdings in den Märchen viel seltener sind als die aktiven ... mit denen kann ich mich nicht identifizieren.

AUTOR Wie viele Märchenerzählerinnen gibt es eigentlich heute in der Bundesrepublik.

FRÜH Zwischen zwanzig und dreißig.

AUTOR Nimmt diese Zahl zu, oder nimmt sie ab?

FRÜH Sie nimmt zu.

AUTOR Unter den Märchenerzählerinnen gibt es, das klang vorhin bei Ihnen einmal an, verschiedene Auffassungen darüber, wie man erzählen sollte. Können Sie diese verschiedenen Schulen oder Stile etwas genauer beschreiben?

FRÜH Es gibt eine Schule, der hängen sehr viele Schauspieler an ... eine Schule, die vor allem differenziertes Sprechen praktiziert. Es wurde mir auch einmal der Rat gegeben, eine Sprecherziehung mitzumachen. Ich hatte eine gewisse Schulung in der Waldorfschule gehabt, aber eine richtige Sprecherziehung habe ich dann erst später begonnen. Da habe ich dann gemerkt, daß mein persönlicher Stil darunter leidet.

Dann gibt es viele, die gewissermaßen am Buchstaben des gedruckten Textes kleben ... besonders bei Grimm ... das ist für die schon fast eine Religion. Ein Wort anders, und man hat ein Sakrileg begangen. Das finde ich lächerlich und unmöglich. Das entspricht überhaupt nicht dem Wesen des Märchens. Märchen wurden ja beim Erzählen immer wieder verändert. Und wenn man sieht ... allein von der Zarin Frosch hat der russische Sammler Afanasev sieben verschiedene Varianten aufgeschrieben. Da ist es doch lächerlich, wenn man so am Wortlaut des Buchtextes klebt. Darunter leidet der Gehalt des Märchens. Märchen arbeiten mit einer Bildsprache. Jetzt kann ich es auch mal bildlich ausdrücken:

Dieses Kleben am gedruckten Text, das kommt mir vor, als wenn jemand bei einer Frau nur noch wahrnimmt, was für ein Kleid sie trägt, und gar nicht mehr darauf achtet, was für einen Menschen er da vor sich hat.

AUTOR Ich habe mündliche Erzähler in Irland und in Nordamerika gehört. Mir fällt auf, daß der Erzählstil dort ganz anders ist als hier bei uns. Mir kommt es so vor, als ob hier in der Bundesrepublik dem Märchenerzählen etwas Künstlich-Zelebriert-Weihevolles anhaftet. Ich mußte mir bei dem letzten Märchenkongreß in Bad Karlshafen, auf dem ich sechs oder sieben mündliche Erzähler aus der Bundesrepublik gehört habe, manchmal das Lachen verkneifen. Da ging das Erzählen auf Stelzen. Das wurde dann komisch. In Amerika oder in Irland war das Verhältnis zwischen Erzähler und Erzählgemeinschaft viel natürlicher. Es ging lockerer zu. Sie kennen die große alte Dame unter den deutschen Märchenerzählerinnen ...

FRÜH Frau Mönckeberg.

AUTOR Wenn man zu einer Erzählstunde von Frau Mönckeberg zu spät kommt, und man macht dabei ein Geräusch, wenn man hustet oder gähnt ... das empfindet sie als eine Störung.

FRÜH ... ich nicht!

AUTOR Bei einem irischen Erzähler ... der würde sich um so etwas auch nicht weiter kümmern, und doch hält er eine gewisse Stilisierung im Sprechen durch.

FRÜH Dazu kann ich sagen: Ich erzähle viel in Jugendhäusern. Da ist ein Kommen ... Gehen ist bei mir nicht, die bleiben. Aber die kommen nie so pünktlich, und wenn da noch welche dazukommen: Ich fühle mich dadurch nicht gestört. Ich warte dann, nicke dem, der da kommt zu ... und dann gehe ich mit meinem Helden weiter. Gerade bei Jugendlichen erzähle ich besonders gern, weil da meist Leben in der Bude ist. Die gehen auch mit, die scheuen sich nicht zu lachen. Versteckte Scherze, die oft in einem Märchen vorkommen, die erfassen Jugendliche oft viel rascher als Erwachsene.

AUTOR Würden Sie, wenn ein Märchen gedruckt vorliegt, auch eine bestimmte Stelle abändern, Gefühle verstärken, die Beschreibung der Landschaft ausmalen? Darf sich die Märchenerzählerin solche Freiheiten nehmen?

FRÜH Ja, ich finde, das ist legitim. Und ich muß dazu noch etwas sagen. In meinem Repertoire gibt es ein französisches Märchen, ein Märchen aus der Gascogne. Es geht darin um einen Vater-Sohn-Konflikt. Es ist für mich interessant, wie der Sohn, der zunächst ein Taugenichts ist, sich bessert, aber immer wieder vom Vater verworfen wird. Er befreit das Land aus allen Nöten. Er bringt eine goldene Lilie, die die schwarze Pest heilt. Und nun kommt eben der Schluß in jener Fassung, die mir vorlag! Der Sohn kommt zurück. Der Vater liegt auf dem Sterbebett, er stirbt. Und ganz am Schluß heißt es: Der Sohn wurde ein gerechter und gütiger König, aber er wurde nie mehr glücklich in seinem Leben, weil sein Vater starb, ohne ihm verziehen zu haben. Da kam mir ein: Das ist überhaupt kein märchenhafter Schluß. Und ich habe mir auch gesagt: Das kannst du so nicht vor Jugendlichen erzählen, die vielleicht ähnliche Probleme haben. Du nimmst ihnen ja völlig den Mut zum Leben. Ich glaube, das ist das Wichtige am Märchen, daß es den Mut zum positiven Schluß hat, damit macht es Mut ... macht auch Mut, sich zu starken Gefühlen zu bekennen. Also, ich war entsetzt. Ich habe mir überlegt: Wie sehr mir dieses Märchen auch sonst gefällt, so erzähl ich es nicht. Ich habe dann darüber nachgelesen und bin darauf gestoßen, daß dieses Märchen von einem Mann aufgezeichnet worden ist. Das hatte ich schon vermutet. Und ich glaube heute noch:
Der hatte dieses Problem mit seinem eigenen Sohn. Ich habe auch festgestellt, daß es dann noch eine Fassung von zwei Frauen gibt, die hatte der Sammler nicht gekannt. Da habe ich den Schluß abgeändert. Jawohl! Und wenn mich jetzt verschiedene

Leute fressen! Ich bin auch schon beinahe deswegen gefressen worden. Ich habe dann erzählt: Der Duft der goldenen Lilienblüte war so stark, daß der König, also der Vater, wieder zum Leben erweckt wurde. Er erkannte, welches Unrecht er seinem Sohn angetan hatte, und übergab ihm den Thron. Schließlich habe ich in Frankreich ein ganz altes Märchenbuch gefunden mit der Version der beiden Frauen. In dem nun stand genau mein Schluß.

AUTOR Sie verändern also die Handlung unter Umständen, wenn Sie das mit Ihrem Märchensinn für notwendig erachten. Ich persönlich kann das nicht kritisieren. Wenn man sich nämlich vorstellt, daß ja Volksmärchen über vier- bis fünfhundert Jahre, und unter Umständen noch länger, mündlich weitergegeben worden sind, dann sind doch dabei gewiß auch Veränderungen vorgenommen worden, und zwar doch sowohl beiläufige wie auch ganz bewußte.

FRÜH Ich gehe aber bei einer solchen Veränderung ganz gewissenhaft vor. Ich ändere nicht nach Lust und Laune. In einem russischen Märchen, in dem die Heldin zu den drei Baba Yagas (Hexen) kommt, ist die erste Gabe, die sie erhält, eine Spindel, die dritte Gabe ist ein Stickrahmen. Nun war da die zweite Gabe eine Schüssel mit Eiern. Das hat mir überhaupt nicht eingeleuchtet. Die drei Baba Yagas sind nämlich die drei Muttergottheiten. Ich habe dann die zweite Gabe in einen Webrahmen umgewandelt, der von selbst einen silbernen Stoff webt. Später habe ich festgestellt, daß die Schüssel mit Eiern als zweite Gabe auf einem Übersetzungsfehler beruhte.

AUTOR Und wenn jetzt ein Wissenschaftler käme und Ihnen nachwiese, daß die Schüssel mit den Eiern sehr wohl einen Sinn ergibt, würden Sie Ihre Version dann zurückverändern?

FRÜH Nein, ich würde beim Webrahmen bleiben. Die Spindel, der Webrahmen und dann der Stickrahmen: das ist für mich der richtige Aufbau. Ich erzähle das Märchen doch, nicht der Wissenschaftler. Ich muß es nachvollziehen können.

AUTOR In dem, was Sie gesagt haben, sind auch schon einige Wertvorstellungen über das Märchen angeklungen. Sie haben vom Positiven gesprochen, von der Stärkung der Lebenskraft.

Wenn Sie nun sagen sollten, was ist Ihrer Meinung nach die Botschaft des Märchens, was würden Sie antworten?

FRÜH Was mich so fasziniert am Märchen, was ich weitergeben möchte, was mir für die heutige Zeit am Märchen wichtig erscheint, wäre dies: Nicht jene, die sich ausschließlich auf ihren Verstand verlassen, erreichen ihr Ziel, sondern die, welche von der Liebe motiviert werden. Liebe hat vielfältige Gesichter. Es kann die Liebe zum Geliebten oder zur Geliebten sein, zum Vater, zum Kind. Auf alle Fälle machen sich die meisten Märchenhelden auf den Weg, weil sie von Liebe getrieben werden. Sie haben Mut zur Liebe und Mut zum Gefühl. Sie stellen dies über alles Verstandesdenken und materielle Werte.

AUTOR Das ist ein ganz klares Bekenntnis. Aber erzählen Sie nun vorwiegend vor Kindern oder vor Erwachsenen? Ich meine: zur Liebe gehört ja auch Sexualität. Freilich haben auch Kinder Sexualität, aber es gibt doch da Unterschiede im Vergleich mit dem Erwachsenen.

FRÜH Ich erzähle vorwiegend für Erwachsene und da wieder vorwiegend für Jugendliche ... für junge Erwachsene.

AUTOR Wer lädt Sie ein?

FRÜH Ja, das ergibt sich durch eine Mund-zu-Mund-Propaganda. Ich habe mich noch nie um Einladungen von mir aus bemühen müssen. Ich werde eingeladen von Jugendhäusern, Schulen, Bibliotheken.

AUTOR Kann man in der Bundesrepublik vom Märchenerzählen leben?

FRÜH Ja, ich glaube schon ... wenn man seine Bedürfnisse nicht so hoch ansetzt, dann kann man davon leben.

AUTOR Gibt es Ihrer Meinung nach in dieser Gesellschaft soziale Gruppen, bei denen ein besonders ausgeprägtes Bedürfnis nach der Art des Märchenerzählens besteht, die Sie betreiben?

FRÜH Es gibt auch viele Leute, die meine Art ablehnen ... für die das Märchen zelebriert werden muß. Aber im übrigen sind bei meinen Zuhörern von Rockerbanden über Gymnasiasten bis zu Studenten alle sozialen Gruppen vertreten. Ich erzähle auch oft vor Strafgefangenen.

AUTOR Nun gibt es ja zumindest die grün getönte Alternativszene noch nicht so sehr lange. Wie war das eigentlich: Haben Sie vor zehn, fünfzehn Jahren auch schon viel Märchen erzählt?

FRÜH Nein.

AUTOR Haben Sie jemals die Erfahrung gemacht, daß Märchen das Leben eines Menschen verändern?

FRÜH Ja, ich erzähle, wie gesagt, auch in Gefängnissen. Da bin ich mal hingekommen und konnte mich mit dem Psychologen, der mich eingeladen hat, vorher nicht mehr absprechen. Nun bin ich nie auf ein bestimmtes Programm festgelegt. Ich lasse mich von meinem Publikum inspirieren. Das ist dann auch meist richtig. Ich habe nun dort im Gefängnis dann ein irisches Märchen erzählt, in dem verwandelt eine Stiefmutter die Kinder in Schwäne. Da fing plötzlich eine Frau furchtbar an zu weinen. Da haben mir der Psychologe und die Vertrauensperson der Gefangenen später gesagt, daß diese Frau ein Kind umgebracht habe. Bisher sei sie überhaupt nicht ansprechbar gewesen, und sie hätten Angst gehabt, die Frau werde sich wütend auf mich stürzen. Eine Woche später hat mich der Psychologe angerufen und zu mir gesagt, er habe jetzt zum ersten Mal die Möglichkeit gehabt, mit der Frau über ihre Tat zu reden. Sie habe auch gesagt, durch das Märchen sei sie sich überhaupt erst darüber klar geworden, wie es zu ihrer Tat habe kommen können. Sie spricht jetzt öfter mit dem Psychologen darüber. Ich war jetzt wieder dort. Sie hat mich freundlich begrüßt. Sie hat mich gebeten, ich solle ihr mal schreiben.

AUTOR Frau Früh, wie erklären Sie sich, daß es seit den letzten Jahren ein in der Breite wirksames, immer noch zunehmendes Interesse an Märchen gibt?

FRÜH Einmal, weil das Märchen die einzige Literaturgattung ist, die alle sozialen Schichten anspricht. Und dann: Wir hatten davor eine Zeit, die ganz stark rational geprägt war. Wenn man sich die Geschichte anschaut ... wenn etwas überzogen wird, kommt es häufig zum Ausschlag des Pendels in die entgegengesetzte Richtung. Ich glaube, wir erleben jetzt eine Rückbesinnung auf das Seelische, auf die Gefühle.

AUTOR Aber wäre dann nicht das Märchen der Feind aller Rationalität?

FRÜH Nein, der Feind nicht. Gegensatz heißt nicht Feindschaft. Ich sollte vielleicht noch sagen: Auch ich persönlich beschäftige mich nicht nur mit Märchen. Ich bin gegen jede Art von Einseitigkeit.

AUTOR Ich danke Ihnen für dieses Gespräch und verabschiede mich von Ihnen mit jener Schlußformel, mit der die Märchenerzähler in Irland häufig schließen:

God bless and Joy be with thee!

Als das Manuskript zu dem vorliegenden Buch schon abgeschlossen war, las ich nachstehend abgedruckten Aufsatz. Er erinnerte mich an ein erstaunliches Erlebnis, das ich vor einigen Jahren hatte. Eine Gruppe junger Ärzte der Psychiatrischen Abteilung der Universitätsklinik in Frankfurt war dazu übergegangen, ihren Patienten ein kulturelles Angebot zu machen. Musiker und Schriftsteller besuchten in unregelmäßigen Abständen die Anstalt. Auch ich wurde zu einer Lesung eingeladen. Als ich überlegte, was ich denn nun lesen solle, war ich einigermaßen ratlos. Ausschnitte aus einer Biographie der Rosa Luxemburg oder des Ernesto Guevara schienen mir für dieses Publikum wenig geeignet. Ich sprach mit meiner Frau über mein Problem, und sie riet mir dazu, doch Märchen zu lesen. Ich ging schließlich auf ihren Vorschlag ein, hatte aber meine inneren Vorbehalte. Um so größer war schließlich mein Erstaunen, als diese Lesung dann ein durchschlagender Erfolg wurde. Nein, diese Worte geben eigentlich ganz und gar nicht das wieder, was bei dieser Lesung eintrat, nämlich eine ganz merkwürdige Entspannung und Lockerung des Publikums, eine Gelöstheit, wie ich sie sonst selten erlebe. In dieser Nacht saßen die Ärzte und ich noch lange zusammen und grübelten, warum gerade Märchen auf psychisch kranke und gestörte Menschen offenbar eine solch wohltuende Wirkung ausüben. In gewissem Sinn ist der folgende Aufsatz eine Antwort auf diese Frage. Er ist insofern mehr, als der darin angesprochene »Verlust von Sinn und Glauben heutzutage« sich auch für den Nichtkranken als dringliches Problem stellt. Und wenn im Interview mit Sigrid Früh deutlich wird, daß heute, im veränderten Maße gegenüber früher, Märchen Jugendliche in der Pubertät beeindrucken, so dürfte auch ihre Hinwendung zum Märchen etwas mit der sich in diesem Alter besonders nachdrücklich stellenden Sinnfrage zu tun haben. Von daher erscheinen mir die Erfahrungen eines Psychiaters mit Märchen in seiner praktischen Arbeit für uns alle von Interesse.

Wolfdietrich Siegmund ist neben seiner beruflichen Tätigkeit als leitender Arzt eines Fachkrankenhauses für Neurologie und Psychiatrie auch der langjährige Präsident der »Europäischen Märchengesellschaft e. V.«, jener Gesellschaft, von der zu Anfang des Kapitels schon die Rede war.

Bericht eines Psychiaters über die Verwendung von Märchenmotiven in der Therapie
Ein Beitrag von Wolfdietrich Siegmund

Kulturelle Angebote hat die Psychiatrie schon immer zur Hilfe für seelisch Leidende eingesetzt und fortentwickelt. Daß die Volksmärchen tiefere Fragen an den heutigen Psychiater stellen und weitere Forschungen anregen, davon soll hier die Rede sein: von der Weisheit der Märchen als Spiegel des Unbewußten, aber darüber hinaus noch viel mehr von ihrer schöpferischen Kraft und ihren heilenden Wirkungen.

Immer am Mittwoch ist Märchenabend im Psychiatrischen Fachkrankenhaus. Manchmal erzählt der Arzt, manchmal der eine oder andere Kranke, frei aber inhaltsgetreu, ausgewählte alte Märchen. Alle Patienten des Hauses sind eingeladen, von 370 kommen in der Regel etwa 50. Natürlich ist eine solche Gruppenstunde nicht geeignet für akut erregte, stark gehemmte oder bewußtseinsgestörte Patienten. Andere aber aus allen Krankheitsgruppen, Ratlose, Niedergeschlagene, Fehlentwickelte und seelisch zu kurz Gekommene, sind aufgeschlossen und dankbar für die Erzählstunde.

Die Kraft des Mythos

Nach wenigen einleitenden Worten zum jeweiligen Märchen, beispielsweise über Angst und Freiheit zu ›Fitchers Vogel‹, über Sterben und Auferstehen zum ›Machandelboom‹, über Hingabe und Verweigerung zum ›Froschkönig‹, folgt eine kurze Stille und dann beginnt der Erzählfaden zu laufen: »Es war einmal, irgendwo und nirgendwo ...«

Auf dem Wunschzettel stehen oft Grimms Märchen, häufig aber auch die Märchen anderer Völker, zur Winterszeit alte Märchen aus Lappland oder Sibirien, an Ostern: ›Das Erdkühlein‹, im Mai: ›Jorinde und Joringel‹, am St.-Franziskus-Tag: ›Bruder Lustig‹, im November: ›Der goldene Vogel‹, zur Weihnacht das schwedische: ›Vater, Großvater und Urgroßvater‹. Wenn der Erzähler mit der Schlußwendung der Märchen wieder ins Hier und Jetzt zurückgeführt hat, entwickelt sich ein nachdenkliches, betroffenes oder fragendes, stets jedoch angeregtes Gespräch über die eigenen Wünsche und Schicksale.

Unversehens hat das Märchen die Erzähl- in eine Schicksalsgemeinschaft verwandelt. Einem Märchen zuhören heißt, dem Leben zuhören, heißt nicht nur Text wahrnehmen, sondern sich selbst begegnen und dem Mitmenschen, der Welt und dem Welthintergrund, heißt Lösungswege erspüren, neuen Mut fassen, die Märchenbilder mit hineinnehmen in die nächste Woche und noch im nachhinein Freude daraus empfangen. Und weil in den Märchen auch das Tiefe und Komplizierte der Menschenseele auf eine einfache und jedem Bildungsgrad verständliche Weise ausgesprochen ist, können sogar die Visiten an den folgenden Tagen sich hier und da dieser trefflichen Sprache bedienen.

Mit Märchen kann der Arzt auch andere Behandlungsarten bereichern: Imaginationen, Meditationen, Rollenspiele, Biblio- und Musiktherapie und bildnerisches Gestalten. Vor solchem Zweiteinsatz verdient aber das schlichte Märchenerzählen und -hören unbedingt Vorrang, zumal dabei die Anstrengung des Sichkonzentrierens verhindert, daß der Umgang mit Märchen suchtartig zur Weltflucht mißbraucht wird.

Wie kommt ein Psychiater dazu, die Volksmärchen für seinen

Beruf zu entdecken? Am einfachsten so, daß seine Frau ihn beauftragt, den eigenen Kindern zu erzählen. Wer mit echten Volksmärchen umgeht, erfährt immer wieder, wie sie, vom Älteren liebevoll weitererzählt, im Jüngeren den Glauben an das Leben erwecken und und stärken. Den Seelenarzt aber reizen die Märchen besonders durch ihre Herkunft vom Mythos. Ihr Inhalt übermittelt Grundwerte, ihre gesprochene Gestalt hingegen bringt Dynamik, Rhythmik, Artikulation und Melodie der Seele, selbst wenn sie durch Krankheit verstummt war, wieder zum Klingen.

Die Hilflosigkeit des Therapeuten

Für den Arzt sind Volksmärchen nicht nur Ursprung und Grundlage der Weltliteratur, sondern auch heute noch Seelennahrung, überschaubare, in der Erinnerung verfügbare, in sich klare, ganz welthaltige, aber die Welt überwindende Erlebnisgeschichten. Sie führen den Menschen sanft, aber bestimmt zum Frieden.

Der ärztliche Märchenkenner wird in Träumen wie in neurotischen und psychotischen Symptomen seiner Patienten mythische Aussagen, denen der Rationalist nur Unverständnis entgegenbringt, erkennen und sich auf ihre Inhalte einlassen:

»Höre Vögel und Hunde sprechen ... Habe vom Fleisch meines Vaters gegessen ... Tote erheben sich ... Menschen sind verkleidete Masken ... Mutter vergiftet mich ... Habe den Ozean leergetrunken, nun müssen alle verdursten...« Der Seelenarzt wird solche Äußerungen von Patienten nicht einfach als »verrückt« abtun und trugschlüssig behaupten, das mythische Erleben an sich sei krankhaft und Mythen und Märchen seien vorliterarische Psychosen.

Er sieht im Mythos eher eine gesunde Kraft und hofft, daß der mythische Seelengrund den in seiner Logik gestörten Kranken vor dem Absinken ins völlige seelische Chaos bewahrt. So falsch es ist, Mythen und Märchen in die Nähe von Seelenkrankheiten zu verweisen, so sehr erleichtern Erfahrungen mit ihnen dem Seelenarzt den Zugang zu seinen Anbefohlenen.

Dem Verlust von Sinn und Glauben, heutzutage in der nervenärztlichen Sprechstunde als dumpfe Lebensangst oft beklagt, steht eine sogenannte wertfreie, auf Erkenntnis und Vernunft gerichtete Schulpsychotherapie auffallend hilflos gegenüber. Trotz vermehrter psychologischer Aufklärung und Beratung nimmt die Zahl seelisch Gestörter eher zu, wie der ständige Ruf nach weiteren psychosozialen Diensten vermuten läßt. Der Boom von wissenschaftsorientierten Verfahren wie Psychoanalyse über Gruppendynamik bis hin zur Verhaltensmodifikation wird, so scheint es, den mythischen Bedürfnissen der Menschenseele nicht gerecht, so daß manch ein Hilfsbedürftiger sich verliert an fragwürdige Ersatzmythologien, an okkulte Praktiken, irrationale Verkündigungen oder an den Wissenschaftswahn selbst. Offenbar reicht das Wissen des Verstandes, das logische Wissen, nicht aus, das Leben zu bewältigen, wenn dabei der tragende Grund, das Wissen des Herzens, das mythische Wissen, abgewertet wird und verkommt.

Ein jedes Volksmärchen vermittelt seine Botschaft auf dreierlei Weise: Es stellt fest, es warnt und es ermutigt. Es stellt fest: Ja, so ist das eben mit uns Menschen. Es warnt: Sei auf der Hut vor Feinden und falschen Freunden. Und es ermutigt: Glaube fest an dein Heil! Also sind Volksmärchen zunächst einfach allgemeine Lebenshilfe.

Für bestimmte Anliegen jedoch steht dem Arzt eine große Auswahl spezieller Märchenmotive, -typen und -varianten zur Verfügung. Ein Märchen wie: ›Hans im Glück‹ warnt uns vor den fragwürdigen Tauschgeschäften unseres Lebens. Da aber wir Menschen als rechte Hansen nicht zu hören pflegen, ermutigt es uns zugleich, unsere leidvollen Enttäuschungen umzuwandeln in tröstliche Gewißheit vom Sinn unseres Schicksals. In ›Die Sterntaler‹ erfahren wir unsere Geschöpflichkeit und Abhängigkeit, aber auch unser Geborgensein in der Gesamtordnung des Kosmos. In ›Die beiden Wanderer‹ geht es um Annahme oder Verweigerung unseres Reifeweges. In ›Die weiße und die schwarze Braut‹ setzen wir uns auseinander mit dem Anruf des Schönen und des Häßlichen, im Märchen ›Die drei Männlein im Walde‹ mit der Entscheidung zwischen Recht und Unrecht. In ›Rumpelstilzchen‹ erfahren wir von der Dämonie und der Verheißung des

Daseins, nebenbei auch, daß wir weder uns selbst noch unseren Eltern gehören. Dieses Märchen bringt das Gespräch bald auf die Ablöseschwierigkeiten zwischen Eltern und Kindern.

Es gibt ausgesprochene Schicksalsmärchen, wie zum Beispiel ›Rapunzel‹, hilfreich für Menschen, die krank geworden sind durch überhöhte Anforderungen an sich selbst, und ausgesprochene Tatmärchen wie zum Beispiel ›Der Trommler‹, hilfreich für mutlos oder bequem gewordene Patienten. Die genannten Beispiele stammen aus den hierzulande bekannteren Märchen der Brüder Grimm. Aber auch aus den Märchensammlungen fremder Völker kann der Arzt weniger stark literarisch bearbeitete und daher oft aussagekräftigere Varianten auswählen.

Mögliche Antworten auf die angstvollen Fragen der Kranken

Psychopathologisch bedeutsam sind die drei Hauptgegensätze in allen Märchen: »Gut und Böse« für die Geisteskrankheit Schizophrenie, »Leben und Tod« für die Gemütskrankheit Depression, »Ja oder Nein« für die Erlebniskrankheit Neurose.

Ratlos fragt das schizophrene Denken unentwegt nach dem Wesen von Gut und Böse und der Überwindung des Zwiespaltes. Die Frucht vom Baum der Erkenntnis, unter mancherlei Gestalt auch in einigen Volksmärchen wiederzuerkennen, ließ des Menschen Bewußtsein hell werden, bringt ihm aber auch Zweifel, Verwirrung und Irrtum, denn das Böse ist nicht immer böse und das Gute ist nicht immer gut. Die angeblich böse Mutter von ›Hänsel und Gretel‹ handelt gut, wenn sie die Kinder hinaustreibt auf einen selbständigen Lebensweg. Die wahrhaft böse Mutter, die Hexe, dagegen füttert die Kinder mit Süßigkeiten sich selbst zuliebe. Dem ratlosen Schizophrenen hilft die Gewißheit, daß das Böse sich einst selbst richten wird, im Bilde des Märchens dargestellt als die Hexe, die den Kopf in den Ofen steckt und ihre eigene Vernichtung selbst herbeiführt.

Das Fühlen und Empfinden des endogen depressiven Kranken kreist angstvoll um die Frage nach Werden und Vergehen. Seine verzweifelte Gehemmtheit bedeutet Stillstand und Weigerung gegen das Weitermüssen, beispielhaft dargestellt im Märchen ›Der Teufel mit den drei goldenen Haaren‹ als Baum, der keine Früchte trägt, als Brunnen, der nicht fließt, und als Fährmann, der nicht abgelöst wird. Der Mensch in Depressionen ist zutiefst betroffen von der Botschaft: »Und wenn sie nicht gestorben sind, dann leben sie noch heute«. Er ist bestürzt darüber, daß nichts in dieser Welt von Dauer ist, aber ergriffen von des Märchens Zuversicht, daß alle Trennung nicht Ende bedeutet, sondern nur Zeitlichkeit vor dem Hintergrund der Ewigkeit.

Der neurotisch Kranke ist gehemmt durch starke gegensätzliche Antriebe, unfähig, sich zwischen ja und nein, zwischen Versuchung und Versagung, zu entscheiden, unfähig, sich vertrauensvoll anheimzugeben. Immer wieder kommen auch die Märchenhelden an Scheidewege, in Versuchungs- und Versagungssituationen, vor schier unlösbare Aufgaben. Die Erfahrung, daß der Mensch, eingezwängt zwischen Trieb und Gewissen, sich nicht selbst erlösen kann, begegnet ihm in den Gestalten der Märchenhelfer, die da etwa sagen: »Leg deinen Kopf in meinen Schoß und schlaf ein wenig, und wenn du aufwachst, ist alles getan!« oder: »Denn was geschehen soll, trifft immer ein!« Nicht wenn der Mensch es will, sondern wie in ›Dornröschen‹, wenn die rechte Zeit gekommen ist, löst sich die Verklemmung, bricht der Bann oder wird die Verzauberung hinweggenommen.

Echte Märchen wollen die Welt nicht nur spiegeln, sondern ihre zuweilen schlimme Realität überwinden und uns zu neuer Lebenskraft ermutigen. Diese Heilwirkung läßt sich methodisch vertiefen und erweitern mit Vergleichsmärchen anderer Völker. Der Arzt kann aber auch positive und negative Varianten des gleichen Märchentyps, dialektisch gegeneinandergestellt, sich verstärken lassen, zum Beispiel: Von der glücklichen Ablösung aus überfälligen Bindungen im schottischen Märchen ›Der Frosch‹ und dem Zugrundegehen an einer ablöseunfähigen Elterngestalt im ›Märchen von der Unke‹.

Drei Märchenwege führen den Menschen in sein angestammtes »Königreich«, der vierte ins Verderben. In den Dummlingsmärchen, wie beispielsweise in ›Die drei Federn‹, geht der Weg ins

Ungewisse, ins Dunkle hinein: der *wagemutige* Weg des Glaubens. In den Aschensitzer- und Aschenputtelmärchen geht der Held oder die Heldin durch Erniedrigung, Verkennung oder Verbannung hindurch: den *demütigen* Weg der Hoffnung! In den Suchwanderungsmärchen, wie zum Beispiel in ›Das singende, springende Löweneckerchen‹, sucht die getrennte oder verlassene Liebe das Verlorene wiederzufinden auf mühseliger langer Irrfahrt: dem *starkmütigen* Weg der treuen Liebe. Die bisher genannten drei Wege erreichen das verheißene Ziel.

Der vierte, der Ilsebillweg, aber geht ins Verderben: der *hochmütige* Weg des unersättlichen Menschen, der Weg, an dessen trostlosem Ende ›Der Fischer und seine Frau‹ wieder in der Hütte des Elends sitzen, oder der leibhaftige Böse, wie in dem Märchen ›Frau Trude‹, sich neben das in voller Glut verbrennende Menschenleben setzt, sich daran wärmt und spricht: »Das leuchtet einmal hell!«

Die heimliche, aber erregende, kostbarste Botschaft aller echten Märchen ist die vom Sinnzusammenhang der geschaffenen Welt, ja, von der Einheit des Seins. Der Märchenheld überwindet die verhängnisvolle Denkspaltung in Subjekt und Objekt. Er verfällt nicht einem überwertigen Ichbewußtsein und der daraus folgenden Einsamkeit. Nur scheinbar isoliert geht er seinen Weg mit schlafwandlerischem Vertrauen auf die in sich selber selige Geschehenswelt. In der Tiefe aber ist er mit allen und allem herzlich verbunden.

Der Arzt in der Gruppenstunde sollte die Märchen nicht zergliedern, sondern sie eher als Ganzes erleben lassen, als Hinführung zum Leben, als Einweihung und Seelenreise, als Reifeweg.

In der Einzeltherapie allerdings, vor allem bei der Arbeit mit den Lieblingsmärchen des Patienten, kann analytisches Vorgehen durchaus angebracht und sehr hilfreich sein. Denn ob jemand den Ofen in einem Märchen als Schmiedeesse oder als wärmenden Kamin empfindet, macht einen wesentlichen Unterschied für seine Selbsterkenntnis. Märchen sind wegen ihrer Inhaltsbreite jedoch besonders wertvoll für die Gruppentherapie. Ein jedes Märchen handelt von so vielen menschlichen Grundproblemen, daß ein jeder in der Gruppe sich scheinbar nebenbei und doch direkt auf seine ureigenen Schwierigkeiten hin angesprochen fühlt. So geschieht es immer wieder einmal in oder nach der Märchenstunde, daß nun ein Patient sich endlich öffnet und über das zu sprechen beginnt, was er bislang verschwieg.

Die innersten Kräfte geraten in Bewegung

Gewiß, zunächst trösten Märchen, besonders die Menschen, die viel entbehren müssen. Aber sie lassen es nicht dabei, sie führen weiter, schenken Leitbilder ohne zu zwingen, regen die eigenen schöpferischen Kräfte an und führen zur Annahme und Verarbeitung von Konflikten und Enttäuschungen. Mit ihrem Ideenreichtum und ihrer sprachbildenden Kraft ermutigen sie den Kranken, es einmal selbst wieder mit längeren Gedankenfolgen zu versuchen und vorausschauend Lebenswege einzuüben. In der Gruppentherapie können Märchen auch mitwirken in der Oberstufe des autogenen Trainings, im katathymen Bilderleben und in der Hinführung zur Meditation, denn ihre aus der Seelentiefe überlieferten Bilder stoßen die eigenen inneren Erlebniskräfte an.

Jede Märchenstunde vereint in sich Anteile verschiedenster Psychotherapieentwürfe: Kognitive, analytische, emotionale, kreative und meditative. Wohltuend ganzheitlich aktualisieren und provozieren Märchen seelische Prozesse durch Regelmuster für Identifikation und Projektion. Die wissenschaftliche Psychoanalyse will zum Erfolg kommen durch isoliertes Wahrnehmen von Wirklichkeiten im Sinne von: Da ist! Mehr psychagogische Verfahren wollen Heilung aufdrängen im Sinne von: Du sollst! Die Märchen aber tun Gutes durch ihr schlichtes, beiläufiges, aber umfassendes: »Ach nur so! Da war einmal ...« Sie vermitteln Geborgenheit und Wärme, wo die Psychoanalyse eher kalt und entlarvend wirkt. Auch aus dem geringsten Märchen ergießt sich ein Strom von Hoffnung: So bist du entworfen! Wo sonst kommt soviel Kraft aus so einfachen Worten: »Da aber wickelt sie ihr armseliges Kleid von sich, ihre goldenen Haare quellen hervor und ihre große Schönheit blendet den König ...«? Märchen sind ursprungsnahe Ratgeber, wir horchen in ihnen auf die Stimmen der Tiefe.

Zugleich aber führen sie uns über das Freudsche Ich weit hinaus, hinaus noch über das Selbst im Sinne von C. G. Jung, hinaus über die Stationen der klassischen Psychotherapie:

Aufdecken – Sichwandeln – Neubeginn! Sie führen uns weiter bis an die Grenze zur Transzendenz, wo uns aufgeht, daß wir ein Herz haben, das hören kann.

Problematisch in den Märchen seien, so sagt man, ihre auch negativen Archetypen. Diese stammen jedoch nicht aus den Märchen, sondern sind erst aus der menschlichen Seele dort hineingekommen. Gerade darum aber sind Märchen Lebenshilfe, weil in ihnen das Positive und das Negative des vollen Menschenlebens gegeneinander ausgewogen sind, keineswegs als Bild einer heilen Welt, aber einer Welt, in der am Ende das Gute siegen wird. Diese Hoffnung ist unsere ganze Lebenskraft! Wer könnte leben ohne sie?

Auch: Einübung in die Wirklichkeit

Auch über die angebliche Grausamkeit der Märchen wird viel gefachsimpelt: Daß im Märchen ›Von dem Machandelboom‹ der Mensch zerstückelt wird, um in neuer Gestalt wieder aufzuerstehen! Daß die Täubchen den abgrundbösen Schwestern von ›Aschenputtel‹ als Entgegnung auf ihre Schandtaten die neidischen Augen aushacken! Seelisch Kranke jedenfalls antworten auf solche Berichte weder mit Angst noch mit Haß, denn sie wissen besser als andere, daß die »Grausamkeiten« der Märchen geradezu harmlos sind gegen das, was sich Menschen untereinander wirklich zufügen. Therapeutisch gesehen sind die Märchen daher sogar eine Einübung, mit der oft schlimmen Wirklichkeit fertigzuwerden. Kein Märchen findet sich mit Bosheiten ab, verherrlicht sie oder schildert sadistische Einzelheiten, im Gegenteil: Der grausigen Schandtat folgt keine Menschenrache, sondern nur die schlichte Erinnerung an die Bosheit: »Du hast dein eigen Urteil gesprochen ...«

Den Märchen Irrationalität vorzuwerfen, ist aus der Mode gekommen angesichts des Irrationalen in der Psychotherapie überhaupt. Zwei weitere Vorwürfe, Volksmärchen propagierten eine bestimmte Schwarzweißmoral und sie verteidigten hierarchische Strukturen, beruhen auf Fehldeutungen. In vielen Märchen siegt gar nicht das, was zu dieser oder jener Zeit »Moral« war, sondern der Held siegt, zuweilen sogar als Dieb oder Betrüger oder mit rücksichtsloser List oder Härte. Auch die Könige gehen keineswegs oft als Helden hervor und müssen sich eine besonders scharfe Beurteilung gefallen lassen. Zum wahren König und zur Heimkehr in das angestammte Reich ist in der Sprache der Märchen ein jeder Mensch berufen. Auf seelisch Geplagte, noch vielmehr auf Kinder, wirken Märchen nicht durch moralische oder historische Anweisungen, sondern dadurch, daß sie einen weiten Freiraum zu je eigenen Lösungen anbieten.

Die Kritik an den Märchen hat aber bemerkenswerte unbewußte Gründe. Manche Erwachsene spüren, nicht zu Unrecht, daß die böse Mutter, der Riese, die Hexe, der Unhold in den Märchen zuweilen auch in ihnen selbst stecken. Da sie sich das nicht eingestehen mögen, führen sie Haß- oder Angstanwandlungen der Kinder auf gehörte Märchen zurück, anstatt dankbar dafür zu sein, daß die in jeder seelischen Entwicklung ohnehin notwendigen Angst- und Trotzphasen und erlebnisbedingte Aggressionen durch Märchenphantasien zum heilsamen Austrag gelangen. Rationalisten aber verachten Märchen, weil sie verdrängen, daß sie mit den Märchen die Angst packt vor den Grenzen des Rationalismus und vor der Dynamik dessen, was die Ratio nicht mehr zu bewältigen vermag. Seelisch Kranke und Kinder aber lieben Märchen, auch wenn sie darin ihre eigenen dunklen Erinnerungen, Erlebnisse und Anfechtungen wiederfinden, weil sie neue Hoffnung und Zuversicht aus ihnen empfangen.

Alle echten Grund- oder Volksmärchen, frei erzählte besser als auswendig gelernte, sind für eine psychiatrische Märchenstunde geeignet, entscheidend ist nur die Art der Darbietung. Der Erzähler darf nicht seine eigenen seelischen Schwierigkeiten in das Erzählen hineintragen, schauspielern oder sich selbst zur Geltung bringen wollen, sondern er soll mit Liebe und als Zeuge der Wahrheit erzählen. Schließlich kann einer, wenn er nur ungeschickt, töricht oder schlimm genug ist, mit jeder Methode, auch mit dem Märchenerzählen, Schaden anrichten.

Aus den unzähligen Märchenvarianten aller Völker der Welt hat die Volkserzählforschung eine überschaubare Zahl von weltweit je gleichen Menschheitsmotiven in je gleichen Grundmärchen nachgewiesen und in ein Register von etwa 1000 Einzeltypen nach Aarne-Thompson zusammengetragen. Diese Grundmärchen haben sich über die Zeiten hin als Hilfe für den Menschen und für die menschliche Gemeinschaft bewährt und dürfen nicht leichtfertig oder willkürlich verändert werden, weil sie dann möglicherweise nicht mehr den Wahrheiten und Bedürfnissen der Menschen entsprechen.

Darum muß der Psychiater den Dichter- oder Kunstmärchen und den neumodisch überarbeiteten Märchen gegenüber vorsichtig sein. Diese »Märchen« sind aus der Absicht eines einzigen Menschen oder einer Gruppe entstanden. Sie sind also eigentlich »Tendenzmärchen« und streben oft an, was sie zu bekämpfen vorgeben: Sie verkünden eine Moral. Wenn sie wirklich gut sind und neuen Wahrheiten und neuen Bedürfnissen von heute gerecht werden, dann werden sie in die Reihe der klassischen Grundmärchen eingehen. Bis dahin aber muß der Arzt achtgeben, ob nicht der Veränderer in seinen neuen Märchen ungelöste eigene Konflikte weiterschleppt und die Märchen ohne Blick auf die Folgen verdorben hat oder sie gar für selbstsüchtige eigene oder Gruppenziele mißbraucht. Wenn ›Rotkäppchen‹ sich in einer modernen Märchenfassung mit dem eigenen Messer aus dem Bauch des Wolfes befreit, so gewinnt das bewährte Volksmärchen eine völlig andere Grundbedeutung und die veränderte Stelle paßt nicht mehr in die übrigen Kontext. Emanzipatorische Märchen gibt es ohnehin seit Urzeiten genug, nicht nur mit männlichen Helden wie ›Der junge Riese‹, sondern auch mit Heldinnen wie ›Die Räuberbraut‹. Wer mit Märchen für seelisch Abhängige und Ratsuchende arbeiten will, muß auch verantworten, welche Märchen er dafür aussucht!

Kranke schätzen am ›Rotkäppchen‹ jedenfalls, daß es zum Durchhalten ermutigt und nicht zur Aggression. Denn gerade die Botschaft, daß auch der gute Mensch auf seinem Lebensweg immer wieder in unvoraussehbare Gefahren und Bedrängnisse gerät, aus denen er sich eben nicht selbst befreien kann, und daß er trotzdem gerettet wird, ist wichtig für einen Menschen in einer Depression, aus der ihn ein vorher mißtrauisch mitgenommenes Messer nur in den Selbstmord treiben würde. In aller Regel wird der Psychiater nichts falsch machen, wenn er sich zunächst an die bewährten Grundmärchen hält und wenn er sie schlicht und untendenziös anbietet.

Der Mensch in der Welt ist der Kontrast zwischen Größe und Elend. Sein Erkenntnisvermögen ist seine Stärke, zeigt ihm aber auch zugleich seine Begrenztheit und wahre Machtlosigkeit. Er ist das einzige Lebewesen, das vorausschaut, daß es sterben muß. Bilder von der Grenze zur Transzendenz treten dem Märchenhörer entgegen in den Gestalten der Riesen, Trolle, Unterirdischen, Verstorbenen und Jenseitigen. Wer meint, diese Märchengestalten seien nur Wunschprojektionen der Seele von einem »angeblichen« Jenseits oder eher noch: Angstsymbole für in der Seele erlebte eigene gefährliche Triebe, der weiß nicht, daß der einfache wie der seelisch kranke Mensch solche komplizierten Deutungsversuche nicht braucht, um zu verstehen, wovon da die Rede ist. Auch wenn jemandem die Verleugnung und Verdrängung jener drohenden Gestalten gelingt, dann wird ihm heute seine eigene Naturwissenschaft und seine Technik zum Alptraum, von dem ihn keine Vernunft und Logik, keine Technologie oder Ideologie befreit. Seine Angst ruft nach Menschlichkeit und kann, wenn er will, aus den Märchen tröstliche Antwort hören.

Manche Märchen allerdings enthalten auf den ersten Blick geradezu Unmenschlichkeiten: Der Märchenheld äußert keinen Schmerz, gibt keine Gefühle zu erkennen, begeht unbegreifliche Torheiten und Grausamkeiten. Wer daran Anstoß nimmt, übersieht, daß zur vollen Menschlichkeit nicht nur die sentimentale, sondern auch die heroische Begabung des Menschen gehört. Der Märchenheld ist nicht schmerzlos, weil er gefühlskalt oder schwachsinnig ist, sondern weil er aus dem Kern seines Wesens heraus glaubt und hofft und liebt. Die Botschaft von solcher Gnade und Kraft ist die besondere Gabe unserer Volksmärchen für die Geplagten und Mühseligen. Märchen für kranke Seelen: Das bedeutet nicht, sich verspinnen in ein Traum-Ich, in eine weltflüchtige Phantasie, das bedeutet vielmehr Brücke von Mensch zu

Mensch und Verständigung miteinander in einer Sprache, in der sich alle Völker einig sind, in der Märchensprache. Wenn auch in Einzelheiten verschieden nach Herkunft und Heimat, so zeigen die allerorts je gleichen Märchen, daß wir alle nah verwandt, daß wir alle Kinder der einen Welt sind. Die Märchen tragen zum Verstehen unter den Menschen noch zusätzlich bei dadurch, daß sie von Volk zu Volk gewandert sind mit Handwerkern, Kaufleuten, Fahrensmännern und Soldaten, mit den Kolonisatoren und den Vertriebenen aller Zeiten.

Märchen für kranke Seelen: Das ist kein Wundermittel der Psychiatrie, das bedeutet einfach, sich einzurichten in dieser Welt, ohne die andere Welt zu vergessen, und den Zwischenraum tapfer auszuhalten, wie das ein Kranker in Abwandlung eines Ausspruchs von Nietzsche bekannte: »Mit den Märchen kann meine Schwermut in den Verstecken und Abgründen der Vollkommenheit ausruhen ...« Märchen versprechen nicht nur, sie verwirklichen das, wovon sie reden, wenn sie von einer goldenen Zeit erzählen: »als das Wünschen noch geholfen hat«. Während sie davon erzählen, von jenem Ursprung, als das menschliche Denken noch nicht vorausschauen konnte, als Sehen, Erkennen, Wünschen und Erlangen noch ein und dasselbe war, werden Wünsche zu Taten.

Ausgewählte Bibliographie
zur Märchenkunde

Der Versuch, Märchentheorie und Märchenwissen für eine breite Leserschaft darzustellen, ist nicht möglich ohne den Rückgriff auf eine Vielzahl von Fachpubli-
kationen.

Die wichtigsten Arbeiten, auf die ich zurückgegriffen habe, sind, auch wenn
im Text schon angesprochen, hier noch einmal zusammengefaßt.

Besonderen Dank schulde ich Frau Marie-Louise von Franz für die Nach-
druckerlaubnis eines Auszuges aus einer ihrer Vorlesungen, der Märchenerzählerin Frau Sigrid Früh für die Möglichkeit eines Interviews und Dr. Wolfdietrich
Siegmund für die Abdruckgenehmigung eines Beitrages über die Verwendung von
Märchenmotiven in der Therapie. Prof. Dr. Gerhard Haas, Prof. Jack Zipes und
dem Direktor der Internationalen Jugendbibliothek in München, Walter Scherf,
habe ich dafür zu danken, daß sie mir teils noch unveröffentlichte, teils inzwischen schwer zugängliche Aufsätze zur Verfügung gestellt haben.

J. Bolte/G. Polivka: Anmerkungen zu den Kinder- und Hausmärchen der Brüder
Grimm, 5 Bde., 1913-1932; v.a. Bd. 4. Zur Geschichte des Märchens.
Bruno Bettelheim: Kinder brauchen Märchen, Stuttgart 1977.
Ders.: Märchen. Was Kinder von ihnen lernen, Buchmagazin (Weihnachtsheft)
1979.
Felicitas Betz: Märchen als Schlüssel zur Welt, Lahr und München 1977.
Ch. Bühler und J. Bilz: Das Märchen und die Phantasie des Kindes, München 1961.
Chr. Bürger: Märchen und Sage, in: Krit. Stichwörter z. Deutschunterricht, hg. v.
E. Dingeldey und J. Vogt, München 1974.
Ders.: Die soziale Funktion volkstümlicher Erzählformen. Sage und Märchen, in:
Projekt Deutschunterricht 1, Stuttgart 1971.
Joseph Campbell: The Masks of God, 5 Bde., Middlesex, England 1959. Deut-
sche Ausgabe: Die Masken Gottes. München 1991.
Frans Carlgren: Erziehung zur Freiheit, Frankfurt/Main 1981.
Michael Dames: The Silbury Treasure. The Great Goddess rediscovered, London
1976.
Ders.: The Avebury Cycles, London 1977.
O. Dinges: Die Sterntaler oder brauchen Kinder noch Märchen? In: Das gute
Jugendbuch, H. 3/1974.
K. Doderer: Klassische Kinder- und Jugendbücher, Weinheim 1969. Darin: Das
bedrückende Leben der Kindergestalten in den Grimmschen Märchen.
Hans Peter Duerr: Traumzeit. Über die Grenze zwischen Wildnis und Zivilisati-
on, Frankfurt 1978.
Marie-Louise von Franz: Interpretations of Fairytales, Irving, Texas 1978. Deut-
sche Ausgabe: Psychologische Märcheninterpretation. Eine Einführung. Mün-
chen 1986.
Hermann Gerster: Brüder Grimm, Reinbek bei Hamburg 1973.

H. E. Giehrl: Volksmärchen und Tiefenpsychologie, München 1970.

O. F. Gmelin: Böses kommt aus Kinderbüchern, München 1972.

Heide Göttner-Abenroth: Die Göttin und ihr Heros. Die matriarchalen Religionen in Mythos, Märchen und Dichtung, München 1980.

G. Haas: Märchen, Sage, Schwank, Legende, Fabel und Volksbuch als Kinder- und Jugendliteratur, in: G. Haas (Hg.): Kinder- und Jugendliteratur, Stuttgart 1974.

Ders.: Wozu Märchen gut sind. Überlegungen zur zeitgenössischen Märchendiskussion und Märchendidaktik. Vortrag auf dem Internationalen Fachkolloquium des Instituts für Jugendbuchforschung der Johann Wolfgang Goethe-Universität 1981 in Falkenstein/Taunus.

Frederik Hetmann: Der Irische Zaubergarten, Köln/Düsseldorf 1979.

Ders.: Porträt eines Zauberers, in: T. H. White: Das Buch Merlin, Köln/Düsseldorf 1980.

Ders.: Die Reise in die Anderswelt. Feengeschichten und Feenglaube in Irland, Köln/Düsseldorf 1981.

M. Lüthi: Das europäische Volksmärchen, München 1974

Ders.: Märchen, Stuttgart 1962.

Ders.: Das Volksmärchen als Dichtung. Ästhetik und Anthropologie, Düsseldorf/Köln 1975.

V. Mönckeberg: Das Märchen und unsere Welt, Düsseldorf/Köln 1972.

A. Nitschke: Soziale Ordnungen im Spiegel der Märchen, Bd. 1: Das frühe Europa, Stuttgart – Bad Cannstatt 1976; Bd. 2: Stabile Verhaltensweisen der Völker unserer Zeit, Stuttgart – Bad Cannstadt 1977.

Sean O'Sullivan (Hg.): Folktales of Ireland, London 1966.

Vladimir Propp: Morphologie des Märchens, Frankfurt/Main 1975.

Robert Ranke-Graves: Die weiße Göttin, Berlin 1981.

Dieter Richter/Johannes Merkel: Märchen, Phantasie und soziales Lernen, Berlin 1974.

D. Richter/J. Vogt (Hg): Die heimlichen Erzieher. Kinderbücher und politisches Lernen, Reinbek bei Hamburg 1974. Darin: J. Merkel: Wirklichkeit verändernde Phantasie oder Kompensation durch phantastische Wirklichkeiten? Zur Rolle der Phantasie in der Kinder- und Jugendliteratur.

L. Röhrich: Märchen und Wirklichkeit, Wiesbaden 1964.

Ders.: Sage und Märchen. Erzählforschung heute, Freiburg i. Br./Basel/Wien 1976.

Heinz Rölleke: War der »gestiefelte Kater« ein Franzose? Über die Märchenquellen der Brüder Jacob und Wilhelm Grimm, Buchmagazin (Weihnachtsnummer) 1979.

Peig Sayers: An Old Woman's Reflections, translated from the Irish by Seamus Ennis and introduced by W. R. Rodgers, London 1962.

R. Schenda: Märchen erzählen, Märchen verbreiten. Abschließende Sätze zu dem Referat auf dem Internationalen Fachkolloquium des Instituts für Jugendbuchforschung der Johann Wolfgang Goethe-Universität 1981 in Falkenstein/Taunus.

Walter Scherf: Was bedeutet dem Kind die Grausamkeit der Volksmärchen? In: Jugendliteratur, H. 11/1960.

Ders.: Aktuelle Tendenzen und traditionelle Muster. Zu einigen psychologischen Grundlagen der Kinder- und Jugendliteratur, in: Bertelsmann Briefe, H. 83/1974.
Ders.: Ablösungskonflikte in Zaubermärchen und Kinderspiel, in: Medien & Sexualpädagogik, H. 4/1974.
Ders.: Psychologische Funktion und innerer Aufbau des Zaubermärchens oder Die Struktur (der Aufbau) des Zaubermärchens und seine psychologische Funktion, Dezember 1981 (liegt nur im Msk. vor).
Gundula Schneider: Die Struktur nordamerikanischer Volksmärchen. Darin: Erste Analyse »Coyote And Porcupine«. Schriftliche Hausarbeit zum Staatsexamen für das Lehramt an Gymnasien, ohne Jahresangabe.
Ortrud Stumpfe: Die Symbolsprache der Märchen, Münster 6. Aufl. 1985.
Stith Thompson: Tales of the North American Indians, Bloomington and London 1966.
Heinrich Zimmer: Abenteuer und Fahrten der Seele-Mythen, Märchen und Sagen aus keltischen und östlichen Kulturbereichen. Darstellung und Deutung, Düsseldorf/Köln 1977.
Jack Zipes: Breaking the Magic Spell. Radical Theories of Folk & Fairy Tales, London 1979.

Nachsatz des Verlags zur Neuausgabe (1999): Die Literaturhinweise der Erstausgabe wurden unverändert übernommen und lediglich um zwei inzwischen erschienene deutsche Ausgaben (Campbell und von Franz) ergänzt. Im Unterschied zur Flut von Veröffentlichungen auf dem Gebiet der psychologischen und populärpsychologischen Märchendeutungen gibt es relativ wenige neuere Titel im Bereich der Märchenkunde - ein wesentliches Motiv für die Neuausgabe der vorliegenden Schrift.
Für die zahlreichen Veröffentlichungen zur Märchendeutung:
Eugen Drewermann und Ingrit Neuhaus: *Reihe* Grimms Märchen tiefenpsychologisch gedeutet. Olten und Freiburg 1982 ff.
Johannes Fiebig: *Reihe* Zauber der Symbole (Astrologie, Tarot, Traumdeutung, Märchen). Königsförde 1989 ff.
Rudolf Geiger: Märchenkunde. Stuttgart 1982 ff.
Verena Kast u.a.: *Reihe* Märchen psychologisch gedeutet. Olten und Freiburg 1982 ff.
Theodor Seifert (Hg.): *Reihe* Weisheit im Märchen. Zürich 1984 ff.
Neuere Titel aus dem Bereich der Märchenkunde:
Ulf Diederichs: Who's who im Märchen. München 1995.
Enzyklopädie des Märchens. Handwörterbuch zur historischen und vergleichenden Erzählforschung. Hg. v. Kurt Ranke, ab Bd. 5 hg. v. Rolf Wilhelm Brednich. Berlin und New York 1977 ff. (1999 bis Bd. 8 erschienen; Bd. 1 - 6 auch als Paperback-Ausgabe).
Märchenstiftung Walter Kahn (Hg.): Das Volksmärchen in unserer Kultur. Frankfurt a.M. 1993.
Walter Scherf: Lexikon der Zaubermärchen. Stuttgart 1982. Neuausgabe in 2 Bd., München 1995, unter dem Titel »Das Märchenlexikon«.